"互联网+"
集团管控总模型

秦杨勇◎著

中国财富出版社

图书在版编目（CIP）数据

"互联网+"集团管控总模型 / 秦杨勇著 . —北京：中国财富出版社，2016.6

ISBN 978－7－5047－6174－3

Ⅰ. ①互…　Ⅱ. ①秦…　Ⅲ. ①互联网络－应用－企业集团－企业管理－管理控制－研究－中国　Ⅳ. ①F279.244

中国版本图书馆 CIP 数据核字（2016）第 131388 号

策划编辑 白 柠		**责任编辑** 白 柠			
责任印制 方朋远		**责任校对** 梁 凡		**责任发行** 张红燕	

出版发行 中国财富出版社

社　　址 北京市丰台区南四环西路 188 号 5 区 20 楼　　　　**邮政编码**　100070

电　　话 010－52227568（发行部）　　　　　　010－52227588 转 307（总编室）

　　　　　　010－68589540（读者服务部）　　　　010－52227588 转 305（质检部）

网　　址 http://www.cfpress.com.cn

经　　销 新华书店

印　　刷 北京京都六环印刷厂

书　　号 ISBN 978－7－5047－6174－3/F・2605

开　　本 710mm×1000mm　1/16　　　　　　**版　　次** 2016 年 6 月第 1 版

印　　张 18.25　　　　　　　　　　　　　　**印　　次** 2016 年 6 月第 1 次印刷

字　　数 308 千字　　　　　　　　　　　　**定　　价** 42.00 元

序

这是最好的时代，这是最坏的时代，这是智慧的时代，这是愚蠢的时代，这是信仰的时代，这是怀疑的时代。当人类进入波澜壮阔的"互联网＋"大时代时，人们不断发现一些新的技术已经离我们越来越近了：智能化、物联网、云计算、自动汽车、下一代基因、储能技术、3D打印、先进材料、先进油气勘探开采、可再生能源、新能源、生物技术等。科学技术在未来十年将会颠覆人类传统的生活方式，与此同时，O2O（线上到线下）、互联网金融、工业4.0、高端制造、产业升级……配合科学技术革新的全新产业经营方式也将快速涤荡传统产业，并强力冲击企业原有的商业模式。

"互联网＋"时代下，科学技术与商业模式的变化对于中国企业集团而言既充满机遇，又充满挑战。一方面全球科技发展将会彻底颠覆中国企业集团现有技术结构与产品结构，要求企业必须适时地培育新技术的获取与运用能力；另一方面在中国经济低速增长的大环境下，中国企业集团必须强化全球视野和战略思维，艰苦奋斗、改革创新，开展集团全新的商业模式变革。

"互联网＋"时代下，集团型企业全新的商业模式变革在执行中能否获得成功，又取决于集团管控！中国企业集团必须强化全球视野和战略思维，认真思考以下几个方面集团管控的问题：

■"互联网＋"时代下的集团公司管控的本质是什么？

■如何设计集团有效的商业模式，规划企业集团的总体战略？

■如何设计集团管控模式，创造母合效应，加强集团各产业之间的战略协同？

■如何经营好集团战略资源？使得资源使用产生 1＋1＞2 的资源放大效应？

■如何合理地处理好集团公司总部与分子公司之间的集权与分权关系？

■如何培育集团公司总部的能力？顺畅履行各项管控子职能？

■如何设计集团管控流程与组织架构，以确保管控模式落地？

■如何构建卓越的集团人力资源与企业文化管控体系？

……

针对上述问题，佐佳咨询根据大量的集团管控咨询案例，而总结提炼出"互联网+"时代下的"集团管控4+X总模型"。"互联网+"时代下的"集团管控4+X总模型"的"4"主要指集团管控体系的四大模块：集团战略规划、集团管控模式、管控流程与组织架构、集团人力资源与企业文化；X则是指"4"大集团管控体系模块细分出的X个小模块。之所以称其为"X"，是因为这些细分小模块会随着集团管控理论与实践的不断演进而不断发展、不断优化、不断提升。

"集团管控4+X总模型"的理论原理是：以集团战略为导向，以平衡计分卡为核心工具，将集团管控模式、管控流程优化与集团组织架构、集团人力资源与企业文化管理相链接，以确保集团战略落地，成就卓越绩效。

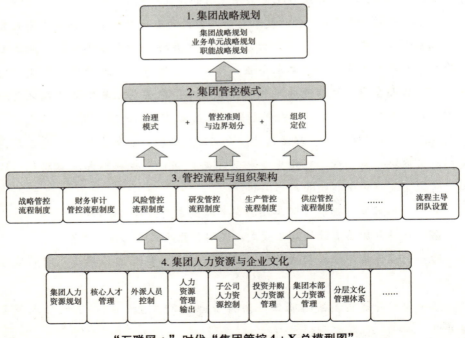

"互联网+"时代"集团管控4+X总模型图"

佐佳咨询"互联网+"时代下的"集团管控4+X总模型"中的四大模块是相互支持、相互影响的。如"互联网+"时代下的"集团管控4+X总模型"（见上页图）所示：集团战略是一个企业集团要实现的动态终极目标，任何管控都是为战略而服务的，这是集团管控的本质目标。"不必忙着管控，先来谈谈战略"，因此集团战略规划被置于"集团管控4+X总模型图"的最上端。在集团战略规划实践中，佐佳咨询将"战略地图"工具运用于集团战略规划，通过开发集团、子公司、职能战略地图帮助集团型企业构建规划集团战略的平台。

集团管控模式实际上是根据集团战略（例如投资业务组合、战略协同、竞争优势等）的要求来确定的集团管控基本准则、运作机理，它统率着管控流程与组织架构、集团人力资源与企业文化设计。佐佳咨询在国内率先提出"治理模式+管控准则与边界+组织功能定位"的集团管控模式。所谓治理模式是母子公司治理结构设计的基本准则与指导思想，它对管控流程与制度在法律架构层面产生影响，很多管理流程制度运行必须遵循治理模式的要求，尊重子公司是独立法人的事实；管控准则与边界就是界定如战略管控、投资管控、财务管控、品牌管控等管控子功能的运行基本准则、权责，它是管控流程与制度设计的指针，一切管控流程制度必须与准则权责相匹配；而组织功能定位则是对集团组织架构各层次基本功能定位与演变路径进行设计，它为后期我们细化集团组织架构实施方案，界定具体的部门职责设定了游戏规则。

管控流程制度与组织架构则是对集团管控模式具体的落实与细化，它主要包括治理类流程制度、管控子职能类流程制度、组织架构实施方案三大内容。我们可以看出治理流程制度（如董事会议事规则、信息披露规则等）决定了治理模式落地；管控子职能流程制度则是确保管控准则与边界划分落地的保障，因为集团战略、财务、资本运营、研发、供应链、审计、信息、风险管理等管控子功能最终的运作规范是透过流程制度的规范来实现的；组织架构实施方案则是对计划期内集团总部、子公司等部门职责的澄清，是集团组织发展战略具体的操作方案。由此可见管控模式回答了管控基本准则是什么，而管控流程制度与组织则着眼于解决如何将管控基本准则落地，属于管控实战操作细节问题。

集团人力资源与企业文化则是从管控子职能中剥离出来的，从理论上说它本身隶属于管控流程制度，是其不可或缺的一个构成。但由于集团人力资源与企业文化是众多中国集团型企业在战略发展中管控职能的重点短板，因此我们将其独立成一个单独模块。与平衡计分卡的四个维度一样，集团人力资源与企业文化整体支持并影响其他管控职能的运作，因为管控流程是靠"人"来实施的。在人力资源与企业文化管控方面，集团公司与单体公司有着明显区别的关注差异。这些差异往往是我们在进行集团人力资源与企业文化管控体系设计时所重点需要关注的：如集团层次化的人力资源规划、经营班子与核心人才管理、外派人员管控、人力资源管理输出、子公司人力资源控制、投资并购中人力资源管理、集团本部人力资源管理（尤其是相关多元化集团本部）、集团分层的企业文化体系建设等。

本书围绕"集团管控4＋X总模型"展开论述，一共分为六章，全面阐述中国企业集团管控的操作体系。第一章我们重点阐述了佐佳咨询原创的"集团管控4＋X总模型"的体系、架构、理论原理、模块之间的逻辑关系，并对集团管控本质目的进行深度剖析，提出了集团管控变革实战操作的六步法；在第二章中我们重点介绍集团管控变革前期准备的基本原则、诊断内容、信息收集方法，并展示管控诊断报告的编制方法与案例；第三章则重点阐述集团战略规划的多层级，提出了多业务组合集团的三大层战略规划体系，同时还介绍了集团战略规划的工具——战略地图；第四章重点阐述集团管控模式设计，介绍了"治理＋管控准则与边界＋组织功能定位"的管控模式设计模型；第五章我们重点介绍如何运用流程制度优化的方法规范管控的子职能，如集团战略管控、经营计划管控、财务管控、稽查审计、品牌管控、供应链管控、风险管控等，同时还介绍了集团组织架构的若干形态与设计技巧；第六章则重点介绍集团人力资源与企业文化，对集团人力资源管控理论形态进行了研究，并重点介绍了集团人力资源管控的几大关注点，对集团企业文化体系与架构进行了介绍。

本书的主要读者对象是：

政府机构经济管理部门（中央、地方国资委）

大型国有和民营企业集团管理者（集团高层经理及部门经理）

大型国有和民营企业集团分子公司中高层管理者

中小型集团化发展企业的高级经理

集团内控与风险管理研究与实务操作者

集团管控咨询顾问

大学教授、高级管理人员工商管理硕士（EMBA）、工商管理硕士（MBA）、企业管理硕士、管理研修班学员

其他集团管控、战略执行研究者

我们真诚地期望"集团管控4+X总模型"的系列丛书能够给中国企业集团在未来战略执行过程中提供方法论的指导与操作工具的帮助，我们也盼望它能对中国企业集团管控、战略执行研究与实务操作起到一定的推动作用。我们的官方网站是 www. zuojiaco. com，我们的联系方式是 021 – 51688731。

上海佐佳企业管理咨询有限公司

首席管理顾问

秦杨勇

2016 年 5 月 1 日于中国上海

目　录

1

"互联网+"时代的"集团管控4+X总模型"

导·引

　　这是一个"互联网+"的时代！它是人类经济、科技、社会发展到一定阶段的必然产物。现代人类社会对信息资源、平等交易、智能化的需求催生了"互联网+"的伟大诞生。"互联网+"的最大价值是通过互联网与传统技术、商业模式的嫁接，改变了人类社会的生活方式，它有效地实现了全社会信息资源的公众化，为人类社会提供了一种全新的现代生活方式，提高了人类的生活质量；同时"互联网+"还将彻底地挖掘出现有传统行业的潜力，促使传统企业思考全新的商业模式，推动大数据、云计算、智能化的快速发展，实现大数据的科学整合利用，催生万物联网，最终为人类社会创造出智慧地球。

1.1 中国集团型企业"互联网+"时代面临的挑战

回顾并展望互联网的未来发展，互联网大致经历了社交工具、交易平台、基础设施、互联网经济体四个发展阶段。未来信息技术与物理技术的高度融合，使互联网的发展必将进入万物联网、智慧地球的时代。

首先，互联网表现为社交的工具，人们可以通过互联网浏览各种新闻，登录主题论坛，使用 QQ、MSN 等聊天工具进行沟通交流；其次，互联网发展成为交易平台，支付宝、B2C（商对客）、B2B（企业对企业）、O2O、P2P（个人对个人）、众筹乃至比特币的出现，标志着互联网在新时期被赋予了全新的历史使命，它似乎要对所有行业的商业模式采取摧枯拉朽式的彻底颠覆；再次，互联网作为云网端、大数据、云计算等基础设施，打破传统世界信息与数据在时间、地域、空间上的传播局限，实现了信息与数据的透明化，使得人类可以对互联网产生的大数据进行有效的整合利用；最后，互联网与智能化制造技术的完美结合催生了万物联网伟大梦想的诞生，美国的制造业回归、德国工业 4.0、中国两化融合似乎在昭示着世界将进入美妙的智慧地球时代……

2014 年是中国互联网快速发展的一年，BAT（中国互联网公司百度公司、阿里巴巴集团、腾讯公司的首字母缩写）巨头纷纷在中国的 O2O 领域投资并购加速。百度提出基于百度地图的商业解决方案，以百度地图为载体，布局 O2O；阿里巴巴先后推出了"双 11""双 12""阿里旅行""淘点点"等一系列营销活动；腾讯则依托微信，发布了微信的解决方案，即以微信公众号与

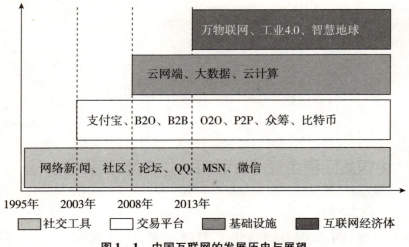

回顾中国互联网发展历程，自1994年中科院引入第一条互联网专线，中国的互联网经历了社交工具、交易平台、基础设施、互联网经济体四个阶段

万物联网、工业4.0、智慧地球

云网端、大数据、云计算

支付宝、B2O、B2B、O2O、P2P、众筹、比特币

网络新闻、社区、论坛、QQ、MSN、微信

1995年　2003年　2008年　2013年

社交工具　　交易平台　　基础设施　　互联网经济体

图 1－1　中国互联网的发展历史与展望

支付为基础，形成 online（线上）与 offline（线下）的闭环服务，以帮助传统企业实现原有商业模式转换。

与此同时，依托于支付、云计算、社交网络以及搜索引擎等互联网工具，实现资金融通、支付和信息中介等业务的一种新兴金融也在中国悄然兴起。中国的互联网金融已经不仅仅局限在第三方支付、在线理财产品等方面，P2P、私募互联网化、众筹模式的兴起标志着中国的互联网金融已经进入到一个全新的发展阶段。

2015 年已经正式确立"互联网+"为中国的国家战略，两会报告中提出制订"互联网+"行动计划，推动移动互联网、云计算、大数据、物联网等与现代制造业结合，促进电子商务、工业互联网和互联网金融健康发展，引导中国互联网企业实施全球化的市场战略。与此同时，德国提出的"工业4.0"的概念也席卷中国，中国政府也积极推动中国制造业由低端制造向高端制造实现转变。

案例 1－1　VR 购物问世！　实体店活不下去了？

佐佳咨询点评：互联网对传统的颠覆首先体现在其对传统零售业的冲击，

不仅仅中国的淘宝、京东、苏宁易购冲击着传统零售行业，在国外诸如亚马逊等电商也在一点点冲击着传统零售业，全球的互联网电商似乎要试图吞噬传统零售业做成的蛋糕。互联网来袭，传统零售企业如何接招？传统零售业的大佬们会如何应对？未来的互联网真的能颠覆实体零售企业吗？这些都是传统零售企业的高级经理们必须要面对、研究的课题。

背景延伸阅读（搜狐媒体平台：《马云正式宣布：VR购物问世！实体店活不下去了》）

2016年4月1日下午，淘宝推出全新购物方式Buy＋。Buy＋使用Virtual-Reality（虚拟现实，VR）技术，利用计算机图形系统和辅助传感器，生成可交互的三维购物环境。Buy＋将突破时间和空间的限制，真正实现各地商场随便逛，各类商品随便试。目前淘宝计划将在4个月之后上线该功能。

Buy＋通过VR技术可以100%还原真实场景，也就是说，使用Buy＋，身在广州的家中，戴上VR眼镜，进入VR版淘宝，可以选择去逛纽约第五大道，也可以选择英国复古集市。让你身临其境的购物，去全世界买买买。

将VR技术应用于购物领域，最大的挑战是如何快速地把淘宝10亿商品在虚拟环境中1:1复原。为了解决这个问题，阿里推出了造物神计划。丰富的VR商品库可以直接降低网络购物的退货率，提高网络购物的购买效率。

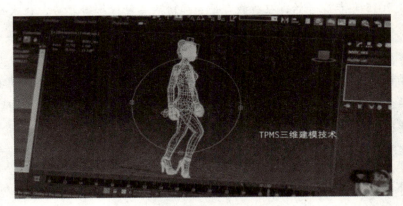

图1－2　TPMS三维建模技术

比如在选择一款沙发的时候，你再也不用因为不太确定沙发的尺寸而纠结。戴上VR眼镜，直接将这款沙发放在家里，尺寸颜色是否合适，一目了然。

Buy＋利用TMC三维动作捕捉技术捕捉消费者的动作并触发虚拟环境的

反馈，最终实现虚拟现实中的互动。简单来说，你可以直接与虚拟世界中的人和物进行交互。甚至将现实生活中的场景虚拟化，成为一个可以互动的商品。

比如，利用带有动作捕捉的 VR 设备，你眼前的香蕉、书籍在 Buy＋中可以化身为架子鼓，利用这种互动形式，让你在购买商品的过程中拥有更多体验。

除了以上，Buy＋产品视频里还有一个有意思的场景。比如，当你去给女朋友买内衣的时候再也不用如此尴尬，可以直接查看内衣详情，甚至内衣上身效果。

Buy＋能够大大加码线上商品的真实感，甚至通过虚拟技术能拥有实体店所没有的惊喜和体验。

科技的进度，时代的变化，正让线上购物进一步蚕食实体店生意。近日，在 2016 IEBE 国际电子商务博览会上，《连线》杂志创始主编凯文·凯利预测：最大的电商会成为最大的实体店的拥有者，最大的实体店的拥有者会成为最大的电商平台的拥有者，而两者会进行相互的融合。

可以确定的是，线上购物＋VR 体验将颠覆现有中国商业格局，实体店将面临史上最大危机。

从 2015 年年底开始，在线教育平台如雨后春笋般纷纷起势，让人措手不及。我们都知道中国是应试教育制度的国家，更多的学校、家长更加关注的仍然是课本知识的熟练掌握及中高考学生的成绩，而奇速在线英语的出现就是为了让在线教育走进学校、走进课堂，真正实现教育的现代化和信息化。

两会也提到了当前教育要向公平化、信息化发展，其实在今年年初国家教育部就已经发文指导全国教育信息化发展，全国也已经有 6.36 万个教学点实现了数字教育资源覆盖！但是这远远不够，可以说在线教育的市场才刚刚萌芽。

案例 1-2　工业 4.0 消灭淘宝只需十年？

佐佳咨询点评：德国所谓的工业四代（Industry 4.0）是指利用物理与信息系统融合（Cyber - Physical System, CPS）将生产中的供应、制造、销售信息数据化、智慧化，最后达到快速、有效、个人化的产品供应。目前工业 4.0 已经进入中德合作新时代，中德双方签署的《中德合作行动纲要》中，有关工业4.0合作的内容共有4条,第一条就明确提出工业生产的数字化就是"工业4.0"对于未来中德经济发展具有重大意义。中国工业4.0的引进必将对制造业的商业模式、供应链技术产生深远影响!

背景延伸阅读（搜狐媒体平台:《中国工业4.0消灭淘宝大概只需十年》）

据商业见地网2015年4月13日报道称,德国政府于2013年提出的"工业4.0"概念,虽说是个务虚项目,却得到联邦教研部与联邦经济技术部高达2亿欧元的资助金额。与此同时,中国版的"工业4.0"规划也呼之欲出。

近日,工信部原部长李毅中宣布"中国制造2025"将于近期正式出台。随后,工业和信息化部副部长苏波也对外就"中国制造2025"的编制背景、总体思路以及主要内容等进行了阐述,"中国制造2025"迅速成为市场关注的焦点。

在2015年的政府工作报告中,中国总理李克强透露了这份规划的大致方向:今年将促进工业化和信息化深度融合,开发利用网络化、数字化、智能化等技术,着力在一些关键领域抢占先机、取得突破。

而从中国国务院常务会议上的信息来看,"中国制造2025"的计划更加明晰:未来"中国制造2025"将采用"1+X"的规划体系,在现有规划之外,还将瞄准新一轮科技革命制定的措施,专门制定类似于"德国工业4.0"的规划。

上海交通大学安泰经济与管理学院副院长董明表示,"中国制造2025"本质上是推进中国制造业转型升级的规划指引,是为中国制造业在经济新常态中指明发展方向。

那么,工业4.0究竟是什么?人类已经历了三次工业革命,"工业1.0"是蒸汽机时代,"工业2.0"是电气化时代,"工业3.0"是信息化时代,这一次,"工业4.0"是利用基于信息物理融合系统的智能化来促进产业变革的时代。

"工业4.0"概念由德国业界最早提出,其源于2011年汉诺威工业博览会,最初的想法只是通过物联网等媒介来提高德国制造业水平。

两年后的汉诺威工业博览会上,由"产官学"组成的德国"工业4.0工作组"发表了《德国工业4.0战略计划实施建议》(《建议》),称物联网和制造业服务化宣告着第四次工业革命到来。借鉴德国版工业4.0计划,也是拟议中的中国制造业顶层设计——"中国制造2025"的既定方略。

德国博世集团董事会副主席这样解释这一变化："所有进入生产环节的物体都可以准确地说出'我是哪个零部件，最终产品是哪件，客户是谁'。"也就是说，未来你在哪儿，汽车厂都知道。

从消费意义上来说，"工业4.0"就是一个将生产原料、智能工厂、物流配送、消费者全部编织在一起的大网，消费者只需用手机下单，网络就会自动将订单和个性化要求发送给智能工厂，由其采购原料、设计并生产，再通过网络配送直接交付给消费者。

在不久的将来，买车可能实现个性化定制——在手机里打开智能汽车工厂的App（手机软件），从数百种配置中选择一款车型，然后在个性化订单中输入诸如"把轿车内饰设计成绿巨人"的要求，约一个月，一辆用工业4.0流水线为买家量身设计、制造的"绿巨人版轿车"就会送到买家家门口，价格并不比量产车贵多少。

德意志银行亚太投行部主席蔡洪平表示，德国小公司正在4.0工业革命领域不断开发。包括3D打印、智能化生产、复合材料、物联网以及医疗设备，有些成绩已经令人震撼。

其中有远程医疗的项目：将一个很小的设备注射到人体静脉中，则可以在德国操作美国手术台上进行的心脏搭桥，不用动手术也不用麻醉，远程就可以实现。

此前，工博会上展出的工业4.0流水线，在无线射频技术、工业以太网、在线条码、二维码比对、影像识别、机器人应用等方面实现了突破。

由于"工业4.0"直接将人、设备与产品实时联通，工厂接受消费者的订单直接备料生产，省却了销售和流通环节，整体成本（包括人工成本、物料成本、管理成本）比过去下降近40%，消费者通过"工业4.0"订购的商品比淘宝网购还要便宜。

专家认为该技术已经通过英国评审，取得路虎极光、神行者2代两个品牌共计1600万元的设备合同。按照计划，采用"工业4.0"流水线生产制造的个性版路虎极光汽车，今年年底就将在江苏常熟下线。

一名德国展商惊讶地表示，没想到中国这么快就推出了自主研发的工业4.0设备，并且已经安装在跨国公司的生产流水线上。随着阿里巴巴的上市，中国的互联网流通、消费、零售、沟通行业的高潮已经到了，但也就快结束了。在工业4.0时代，当消费者可以直接向智能工厂定制商品且价格更低时，淘宝这样的电子商城也将面临覆灭。

"淘宝连接的只是网店卖家和消费者，扮演的只是网络销售渠道商的角色。而在工业4.0时代，当消费者可以直接向智能工厂定制商品且价格更低时，淘宝这样的电子商城也将面临极大压力。"从时间来看，淘宝被"工业4.0"淘汰出局大概只需要10年时间。

专家指出，"中国制造2025"与"工业4.0"有很多相同之处，但也有不同之处。

从实施的过程来看，"工业4.0"是一个发展的过程，不可能一蹴而就；"中国制造2025"也弱化了以往规划中5年时间的限制，规划年限扩展到2025年，更注重中长期规划，主要是强化我国现有的工业，期许的是由大变强，并体现更多的创造因素。过去很多年里，中国制造业整体上处于较为低端粗放的状态，"山寨"形象挥之不去。正因此，中国制造升级的压力和紧迫性都很强烈。

从目标上来看，德国"工业4.0"主要是期望继续领跑全球制造业，保持德国制造业的全球竞争力，抗衡美国互联网巨头对制造业的吞并。而从2015年两会中公开披露的"中国制造2025"制定情况看，大体需要用3个10年左右的时间，完成中国制造业从"大国"向"强国"的转变，主要落点在信息化与工业化的深度融合上，重点发展新一代信息技术、高档数控机床和机器人、航空航天装备、海洋工程装备及高技术船舶、先进轨道交通装备等产业。

"中国制造2025"是三步走的第一个10年的行动纲领，它是一个路线图，有具体的时间表。通过实施"中国制造2025"规划纲要，通过10年的努力，让中国制造进入全球制造业的第二方阵。

从时间表来看，德国"工业4.0"战略工作组也认为德国实现"工业4.0"需要10年时间，在时间上和"中国制造2025"大体在一个时间段。

内部水平参差不齐的中国制造业，要追赶上同在升级的"德国工业4.0"，可谓是一个跨越式的发展。

"虽然中国有220多种工业品产量居世界第一位，但其中来自三资企业的占比较高，真正自主创新的较少。"工信部国际经济技术合作中心主任龚晓峰表示，中国制造业大而不强的一个重要原因是，多年来更为关注终端产品，而忽视了制造业基础材料、基础工艺和产业技术基础等基础领域的创新力和保障力，核心技术和关键产品受制于人。

对此，中国工业经济联合会会长指出，要健全产学研用相结合的制造业创新体系，加快重大科技专项和行业共性技术攻关，加速科技成果的产业化，提升关键环节、重点领域和企业创新能力，把核心技术、关键技术变成先进制造基础工艺技术。

这也是"中国制造2025"更加突出创新驱动的原因。工信部副部长苏波表示，规划始终把创新作为核心竞争力，要通过创新缩短在高端领域与国际的差距。联想集团董事长杨元庆认为，要让国际名牌更好地"走进来"，推动中国制造企业"走出去"，让中国制造企业对标国际名牌，从而在质量、技术和服务上全面提升。

"加速积累是中国制造业跨越式发展的唯一路径，最终仍是要落在提升质量、打造品牌上。"龚晓峰说。

《经济日报》称，中国和德国在国情、制造业技术水平等方面有很大差异，决定了中国制造业转型升级不能照搬外国经验，要走出中国特色。国情不同决定了实现路径不同，阶段不同决定了战略重点不同，着眼点不同决定了发展方式不同。

国情不同决定了实现路径不同。德国制造业以中小企业和家族企业居多，创新活力较强，整体的创新体系以及知识产权等相关法律体系已很完善。而中国制造业多种所有制、大中小型各类企业都有。

相比德国制造业，中国制造业升级是更宏观长远也更复杂的战略规划，需要重视大众创业、万众创新的力量，让各种经济主体开放融合、同台共舞、共同发力，也更需要重视法律体系、创新体系的配套完善。

阶段不同决定了战略重点不同。中国和德国制造业基础差异很大，不在同一起点上。德国是老牌的制造业强国，而中国目前是全球第一制造业大国，却大而不强，在制造业基础材料、基础工艺和产业技术等基础领域创新力和保障力还不够，仍处于全球价值链中低端。

德国已普遍处于从工业3.0向4.0过渡的阶段，中国制造业发展水平参差不齐，有的尚处在工业2.0阶段，部分达到3.0水平，所以"中国制造

2025"的重点既需要谋划工业4.0、抢占技术高地，还需要弥补基础不足和历史欠账，特别是要加快淘汰落后产能和化解过剩产能，促使其尽快提升，实现跨越式发展。

着眼点不同决定了发展方式不同。德国制造业已经有良好的技术基础，"德国工业4.0"也因此更重视硬件和技术的升级，对智能化工厂等微观和技术层面颇为看重。

而对于中国制造业来说，数字化、智能化固然不可或缺，但也更重视在宏观层面将中国部分领先的互联网技术、应用与制造业变革结合起来，这也正是2015年《政府工作报告》所提出的"互联网+"对于制造业的要义所在。

因此，"中国制造2025"应注重与制定"互联网+"行动计划相匹配，推动移动互联网、云计算、大数据、物联网等与现代制造业结合，这是"中国制造2025"更加宽广的发展方向和提升空间。

"中国制造2025"与"德国工业4.0"有诸多不同，但却"殊途同归"，也因此有着巨大的合作空间，这在前不久举行的汉诺威IT展上已经得到证实。相信未来10年，中国制造业将在坚持创新驱动、智能转型、强化基础和绿色发展上走出自己的特色，加速迈向制造业强国。

可以说今天的中国，"互联网+"无所不在，"互联网+"正重塑一切传统行业，这是每一个中国人正面临的"大冲击"，也是中国企业集团所面临的"大冲击"。在这场"大冲击"中，有些集团型企业能拥抱"互联网+"，积极培育集团公司的整体互联网思维与能力，主动进行集团战略与管控模式的自我颠覆与变革，加速集团总部、分子公司与"互联网+"相融合，实现"互联网+"与集团核心技术、商业模式的无缝隙链接，必然能够创建"互联网+"时代集团公司经营的"蓝海"。

在未来，"互联网+"极有可能让集团型企业传统优势损失殆尽：互联网技术极有可能催生中小企业的形成以互联网为依托的新兴战略联盟，使得它们如同微型机器人一般通过互联网技术集聚成巨型的变形金刚，一旦这个梦想成为现实，将对集团型企业的传统业务产生彻底的冲击，使得大型企业集团传统的营销渠道、销售模式发生彻底改变。

佐佳咨询认为，"互联网＋"对中国的集团型企业提出了至少以下五个方面的挑战：

（1）"互联网＋战略思维"的总部能力挑战。首先，集团总部要及时将"互联网＋"的商业模式纳入集团战略规划，在战略规划层面认真思考"互联网＋"对集团各业务单元战略实施的影响，在科学地分析与论证基础上利用好 O2O、P2P、互联网金融等工具，促进集团各业务板块的协调发展；其次，要引进并培养总部的信息化专业人才，促使总部擅长运用"互联网＋现代信息化手段"，提升总部对大数据管理能力；再次，加强总部人员乃至子公司中高层管理干部的"互联网＋"培训，培养集团公司"互联网＋"的思维方式，积极推进集团公司拥抱"互联网＋"的时代。

（2）"互联网＋客户体验"的价值挑战。"互联网＋"时代的客户地位将会得到更大程度的提高，"重视客户体验""满足客户价值"将是集团旗下各个产业在激烈市场竞争中获胜的重要利器之一。由于互联网的飞速发展使商品与服务信息获得了前所未有的广泛传播，促进了商品与服务信息突破了时间、地域、空间等多重障碍。我们可以预见全球商品与服务信息将越来越透明化，企业之间商品与服务的竞争将会越演越烈。而在市场竞争日益激烈的未来，谁能够抓住客户、满足客户需求、实现客户价值，谁就能在高度信息透明的"互联网＋"时代生存。

（3）"互联网＋传统技术"的融合挑战。有人说"互联网＋"的高级发展阶段就是万物联网、智能化，未来所有行业的传统技术都将会与"互联网＋"相互融合。智慧城市、智慧地球等概念的提出并不是偶然，我们可以预见，未来谁率先推动传统技术与"互联网＋"的融合，谁就占领了产业链的制高点。例如，就制造业而言，3D 打印技术、智能机器人、工业 4.0 制造模式等是未来全球高端制造的发展趋势，而中国集团型企业尤其是大型国有企业担当了中国制造业产业转型升级的重要历史任务。例如，中国兵器装备、中国兵器工业、中航工业集团、中国航天科技集团、中国航天科工集团、上海汽车集团、东风汽车集团、长安汽车股份、一汽集团等企业要率先促进"互联网＋企业传统技术"融合，实现低端制造向高端制造转变的挑战。

（4）"互联网＋集团管控"的契合挑战。"互联网＋"时代的信息沟通日新月异，随着沟通工具的智能化、高科技化，企业集团内部以及集团与外部的沟通方式都将会发生重大转变，同时也会推动外部大数据信息共享的有效实现。由于"互联网+"能够有效地推动集团内外部的便捷沟通、快速的决策，所以"互联网+"将彻底突破集团公司组织架构层次化、异地化、全球化管理的巨大挑战，越来越使得总部在战略规划、投资决策、人事决策、财务监督、资源控制甚至是生产运营等方面采取集中控制手段。"互联网+"这一能力必将促使众多中国集团型企业认真思考"互联网+"与"集团管控体系"的契合，认真思考管控模式，处理好总部与分子公司之间的关系，使其符合"互联网+"时代的要求。

（5）"互联网+运营模式"的挑战。"互联网+"将冲击集团旗下众多分子公司的运营模式，促使分子公司运营模式的彻底变革。在未来，研、供、产、销等众多产业生产运营环节都将与"互联网+"实现深度融合，这是未来集团"互联网+"时代发展的必然趋势。集团公司总部必须能够高屋建瓴地引导旗下的子公司顺应未来产业运营模式潮流，利用"互联网+"实现运营模式的突破性创新，在集团总部层面促进分子公司有计划地组合运用社交网络、移动信息化、电子商务、商业智能、云计算、物联网等"互联网+"工具，积极应对"互联网+运营模式"的巨大挑战。

案例1-3 颠覆，还是融合？ 传统企业的互联网转型

自李克强总理在政府工作报告中首次提出"互联网+"行动计划以来，"互联网+"的热潮未曾消减。以 BAT 为代表的互联网巨头，以其在互联网得天独厚的优势，通过将互联网平台、互联网技术以及实体经济的深度融合，纷纷布局 O2O，以抢占市场先机。

百度以"百度搜索+度秘"实现线上线下的迅速对接，以百度地图为载体，提供全套解决方案，并不断融入新的元素。百度将商家及产品信息融合在百度地图中，借助 LBS（基于位置服务）定位，能迅速、快捷地锁定商家位置及最佳行进路线，通过与优步等合作，为用户提供专车服务，再借助百度钱包、百付宝等，打通支付环节。为实现用户随时随地随心地上网，百度推出百度 wifi（无线网），真正实现了线上线下的随时随地融合。

阿里巴巴依托淘宝、天猫平台，打通购物和支付环节，通过收购或参股

形式，旗下聚集了美团网、阿里旅行、高德地图、滴滴打车等，和百度以地图和搜索为入口不同，阿里巴巴借助购物和支付平台，增强客户黏性。阿里巴巴打造了购物＋地图＋支付＋打车模式，后期不断丰富其产品内涵，推出特色中国、蚂蚁金融、阿里喵街，并携手苏宁，寻求新的发展。

腾讯则重点打造以 QQ ＋微信为主体的全套商业解决方案。推出微信公众号、微购物、接入京东商城入口、开发腾讯地图，打通支付环节的财付通，打造社区线上服务，入股大众点评、赶集网、58 同城、饿了么、艺龙等，将线上线下环节全线贯通。

传统企业在"互联网 +"时代，全然失去了昔日光环，大有被以 BAT 为代表的互联网公司整合之势，更多人在思考"互联网 +"对传统企业是彻底的颠覆，还是最终实现两者的融合？

1.2 "互联网 +" 时代的中国集团企业管控

"互联网 +"时代并不是要抛弃或弱化管控，恰恰相反，针对中国集团型企业在"互联网 +"时代所面临的五大挑战，要求我们必须加强集团管控提升集团公司总体的战略执行力。而要理解"互联网 +"时代中国集团型企业管控的本质、目的与意义，我们首先需要纠正对集团管控本质的五种传统错误观点。

1.2.1 对集团管控本质的五种传统错误观点

1. 集团管控本质是母子公司治理

这种观点强调"母子公司治理是集团管控的核心问题"，甚至简单地将母公司对子公司的管控等同于母子公司的法人治理。其理论研究关注焦点是"如何按照现代企业管理制度的要求理顺出资人、董事会、监事会与高层经理、其他利益相关方之间的关系"；从母公司利益角度来看，则关注"如何通过母子公司法律架构设计来落实母公司对子公司的管控"。

"集团管控本质是母子公司治理"主要存在于 20 世纪 90 年代，它顺应了 1992 年以来中国企业组建企业集团的大时代背景，理顺了中国企业在组建企业集团初期所关注的"委托与代理"关系。但是随着中国企业集团管控实践的不断推进，尤其是"互联网＋"时代，其实战性越来越遭受质疑。因为人们很快发现仅有完善的母子公司法律架构并不能完全支持集团高速发展和"互联网＋"对管控能力提升的要求，"母子公司治理"并不是集团管控体系的全部基础内容，人们需要一个更加全面、综合的观点来审视集团管控的本质。

2. 集团管控本质是组织模式

几乎与"治理论"同时大行其道的是"组织模式论"，这种观点把集团管控聚焦在"集团组织模式与架构"的设计上。20世纪90年代中期，部分研究人员甚至认为"完善组织架构就是集团管控的解决之道"，部分集团管控专著通篇都在描述如何搭建集团组织架构，如何通过组织架构设计来满足集团高速扩张对管控变革的要求。

这种基于传统劳动分工理论的"组织模式论"在实战中也越来越遭受质疑，人们很快就发现组织架构只是解决了集团管控中层次规范等组织问题。但集团组织模式与架构设计也绝不是集团管控变革的全部，各种管控职能如何组合运用并与治理、组织架构无缝结合以适应战略价值创造，已经成为越来越多的集团高级经理关注的管控课题。

3. 集团管控本质是全面预算

集团财务管理人员经常强调："预算是一个集团管控的核心，是集团公司运行的导航器，集团所有经济活动都必须服从服务于预算"，"企业集团应当建立以预算为中心的组织"等。"集团管控本质是预算"观点的产生有其深刻历史背景，早在20世纪中期，财务预算就作为重要的管理工具在全世界被得到推广，"预算中心型组织"的观点大肆流行。即使到今天，仍有很多集团财务总监不断试图强调财务预算在集团管控中的"中心地位"。

随着世界经济一体化进程的不断推进，越来越多企业集团认识到，即使最好的财务体系也无法涵盖集团型企业管理运行的全部动态特点，很多企业集团对"以预算为中心的集团管控"的合理性提出了质疑，因为他们发现"以预算为中心的集团管控"属于典型的"战略近视症"，因为预算不可能是集团管控追求的终极目标，它只是实现集团战略目标的管控工具之一。

4. 集团管控本质是集分权管理

"集团管控的本质就是集分权管理"这种观点，认为集团管控的核心问题是母公司与分子公司的"责权体系、分权界面"，分清母公司与分子公司的责任与权利是集团管控体系建设的基础与核心。"集分权管理"推崇者在集团管控体系设计中强调关注"组织模式、组织架构、权责体系、业绩评价"四个方面内容。

近年来"集分权管理"受到了某些集团管控研究人员的批判，越来越多的人开始发现这种观点的片面性，因为"集分权管理"也仅仅是一种方法，是实现管控目的手段，它不是一个企业集团实施管控所要追求的终极目标。事实上"集分权管理"只是集团管控运作思想在权责上的一种外化表现或折射。虽然它是我们在管控模式设计时要重点澄清的内容，但却不能成为管控基准与出发点。如果集团型企业"以集分权为核心构建集团管控体系"，就会把中国企业的集团管控变革演变成母公司与子公司的权责斗争。

5. 集团管控本质是建立风险内控体系

"风险与内控论"对于管控本质的认识显然有失偏颇：首先，无论是《规范》还是《指引》，其主要适应对象不仅仅是企业集团，前者主要针对上市公司，而后者则主要针对中央企业，应该说这两类企业中既有单体公司也有企业集团，中国企业集团突破单体公司管控思维惯性，结合集团化特点灵活构建风险与内控体系；其次，中国无论是"风险"还是"内控"尚处于"合规性探索"阶段，把集团管控根基建立在"合规探索"阶段的风险与内控体系之上，会使得管控脱离集团大战略的要求；再次，风险与内控也仅仅只是管控手段与工具，它不是集团管控体系建设的基础与唯一依据，否则就会把集团管控建设沦落为应付外部利益相关方监察的工具。

1.2.2 "互联网+"时代集团管控的本质

既然上述集团管控本质问题的传统回答都是片面的，那么集团管控的本质到底是什么？尤其在当下的"互联网+"时代，中国集团型企业的管控体系应当基于什么为核心而构建？

要回答这个问题，我们首先来看看在"互联网+"时代，集团型企业为什么需要集团管控？

案例1-4 "互联网+"时代，集团型企业为什么仍需要集团管控？

某大型国有酒业集团于2008年成立，是国资委将地处天津、烟台、上海、重庆等的原四家国有与民营酒厂进行资产重组而组建的企业集团，其下属子公司分别仍在天津、烟台、上海、重庆等地。目前酒业集团主要从事长征葡萄酒（化名）的研发、设计、生产与销售，同时还生产部分黄酒、洋酒。该酒业集团2012—2014年经营业绩的表现十分优异，销售收入与利润率均保持了较高的增长速度，在国资委业绩考核排名中，酒业集团连续三年名列A等。而这种鼓舞人心的状态不是一开始就有的，2012年之前数年内酒业集团子公司的战略执行遭遇了一系列的尴尬：

1. 广告重复投放

酒业集团旗下四家子公司经营的业务、销售的产品虽然完全相同，但却分别运作着天津长征、烟台长征、上海长征、重庆长征等四个子品牌，在现实的运作中出现了品牌传播渠道重叠，长征品牌广告重复投放等现象。例如，在深圳宝安机场高速公路同一地点，同时投放了烟台长征干红和天津长征干红的两个广告牌。

2. 产品重复开发

四家子公司在产品开发上也缺乏统一规划，彼此之间互相模仿，重复竞争开发。例如，上海长征针对上海市场开发出终端销售价格在90元的某产品，重庆长征立即会开发出瓶型与包装完全雷同的、专门针对上海市场销售的、终端销售价格在89.5元的产品。

3. 渠道终端内耗

四家子公司分别有自己的营销队伍，要完成各自的销售业绩，因此四个子品牌在渠道终端也出现了严重的内耗。例如，在北京某五星级酒店，同时进入了三个高档长征品牌的推销人员，他们分别是天津长征、烟台长征、上海长征的代理商或直销队伍。他们互相诋毁，告诉消费者对方是假的长征干红，只有他们自己的才是正宗的产品。

4. 消费者无所适从

子品牌内耗最终导致的结果是消费者无所适从，他们面对着分散的、不统一的长征品牌不知所措。在全国某些重要市场上广泛传播着一个谣言：长征干红有很多假货，不能买！而这一切对于长征干红的主要竞争对手——张裕干红却是个好消息，因为长征干红的内耗无疑是将自己的消费者拱手推给了张裕干红。

造成酒业集团上述母子公司战略执行问题的原因是：酒业集团对总部功

能进行了不恰当的定位，设计了与企业战略完全不匹配的集团管控模式。酒业公司子公司原来是四个独立的法人企业，酒业集团组建时将总部功能定位于"战略投资型"总部，重点强调通过战略、投资、人力资源、财务、信息化五种手段管控子公司，而针对研、产、供、销等则实施分权管理，由分子公司自行运作而总部不加干预。

2010年以后，"互联网+"对中国酒业的市场营销模式冲击愈演愈烈，长征葡萄酒的主要竞争对手及时地转换了集团总部的管控模式，深入干预子公司的运营管理。同时它们在总部建立了统一的B2B、B2C销售平台，商品销量由此而得到大幅度提升，而仅仅到了2012年就演变成O2O线上与线下的营销模式，快速地蚕食了长征葡萄酒的市场份额。

由于酒业集团总部忽视了"互联网统一销售平台"的搭建，错误地定位于"战略投资型"总部，没有对销售、品牌、研发、供应商资源实施必要的集中管理，导致资源分散而不能有效地发挥 1 + 1 > 2 的经营放大效应，甚至由此而引起旗下的各个子公司在经营活动中出现了严重的内耗；同时由于总部缺乏互联网思维，没有及时搭建统一的互联网销售平台，导致竞争对手乘虚而入并成功地抢占了市场份额。

2014年酒业集团高层重新思考了总部功能以及对子公司的管控模式，他们认为酒业集团分子公司业务高度重叠，研、供、产、销资源有很高的相关性与共享性，因此总部功能应当由"战略投资型功能"向"运营管理型功能"转变。在实践中强调"五个统一管控"，即总部统一经营研发、战略采购、生产计划、品牌、营销，并由总部营销公司统一运作"互联网统一销售平台"，大力实施O2O线上与线下的营销模式。

酒业集团在开展"互联网+集团管控"的变革后，从根本上解决了酒业集团原来资源分散、经营内耗的局面，有效地促进了集团公司所属的四个子公司的业务协同。2012—2014年酒业集团的经营业绩表现十分优异，保持了快速的增长速度。

"互联网+"时代集团型企业为什么需要集团管控？很明显是提升集团战略执行力，实现集团战略目标的需要！集团管控模式会对母子公司战略执行产生决定性的影响，在"互联网+"时代，集团管控仍旧是提升集团战略执行力的重要利器。

因此"互联网＋"时代下，集团管控本质是实现战略目标！提升集团战略执行力！

"互联网＋"时代下，集团战略是所有集团型企业所要追求的终极目标，没有战略何谈管控？脱离集团战略大谈管控是没有目标的管控，也是没有原则、缺乏意义的管控！历史经验与教训告诉我们，脱离集团战略而思考管控永远无法促成总部与分子公司按照统一的标准与逻辑去进行管控模式的思考，严谨地思考集团战略是科学管控体系构建的前提必要条件。

因此"互联网＋"时代下，战略是集团管控的核心，执行是战略管理的关键！

"不必忙着管控，先来谈谈战略"，集团管控是链接集团"战略"与分子公司战略"执行"的桥梁。设计集团管控体系，要求我们必须将集团战略置于管控模式思考的核心，以战略为导向，以战略为基准构建集团管控体系。

那么如何以战略为导向，以战略为基准构建集团管控体系？

要回答这个问题，我们必须剖析集团战略执行不佳的原因是什么？

佐佳咨询集团经过多年的观察与研究发现：集团战略执行不佳往往是由以下三个方面的原因所造成的：

（1）目标与责任缺失。所谓目标与责任缺失是指集团战略目标与考核责任机制缺失。集团战略规划与管理缺乏一个简单、有效的平台，战略规划文件变成锁在文件柜里的一叠废纸，集团总部与分子公司（含权属孙公司）之间缺乏有效的战略沟通，尤其是对每个单项"战略行动计划"沟通不到位，从而导致集团与各业务单元（或分子公司）在战略理解上出现偏差；集团总部没有构建高效的战略监控与修正的运行机制，对战略目标及行动计划执行追踪、修正不及时、不到位，集团战略管理部常常沦落为"投资项目部"，职能履行单一、缺失；集团总部没有促进战略规划与年度经营计划、财务预算、绩效管理的有效对接，导致两者缺乏内在关联，无法建立"战略执行责任机制"，从而造成"战略与绩效两张皮"的现象。

（2）实现战略目标愿力不足。实现战略目标愿力不足是指分子公司缺乏实现集团战略目标与考核责任的意愿。集团没有在分子公司建立起高效的激励机制，虽然一直强调激励机制的变革，但由于惯性思维和内部挑战，激励机制变革出现"雷声大、雨点小"；集团企业文化出现"墙头现象"，无法真正落地，由于信仰缺失而导致不良企业文化成为困扰集团战略执行的又一障碍。

（3）缺乏实现战略目标能力。实现战略目标能力分为组织能力与员工个体能力。在组织层面，集团总部无法平衡母公司与子公司权责界面，部分集团公司甚至陷入各种复杂的母子公司利益关系陷阱而一时难以自拔；子公司的法人治理形式大于内容，管控流程与组织架构不清晰，按照所谓"约定俗成"的方式对分子公司实施管控；在员工个体层面，核心人才任职资格标准不严谨，从而导致集团战略人才培养与选拔标准模糊；培训跟风，课程安排赶时髦，资源重复浪费，缺乏战略培训的协同效应。

基于上述认识，我们将中国企业集团的战略执行力的主要影响因素，描述成一个公式：

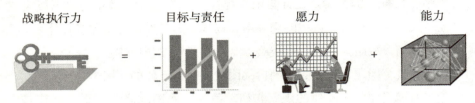

图 1-3　战略执行力的主要影响因素

上述公式中任何一个要素的缺乏，都可以导致集团整体的执行力不佳。因此构建集团管控体系，提升集团战略执行力要围绕上述三个要素而展开：

要素一　目标与责任

"目标与责任"是决定集团执行力的第一大要素，集团战略目标是集团管控所要追求的本质目标，无论是企业集团还是各业务单元、分子公司、职能部门，只有目标明确，管控才有意义，而目标明确就需要一个简单、有效的描述集团各层级战略的工具，把战略转化为可操作的执行语言，明确实现战略目标关键举措与计划，落实责任机制。

什么是简单、有效的描述集团各层级战略的工具？如何实现化战略为行动？平衡计分卡可以帮助我们，它以战略地图、平衡计分卡、战略行动计划表为基础平台来帮助我们描述集团多层级战略；同时还可以帮助我们把集团战略规划与年度经营计划预算、组织绩效评价链接，落实集团战略执行的责任机制。

要素二　战略执行愿力

所谓"执行愿力"就是激发子公司执行集团战略的意愿，实现战略目标并落实责任的积极性与主动性，它是集团战略执行力第二个构成要素。因为即使"明确战略，落实了责任"，但是如果缺乏实现目标的意愿，"目标与责任"也很难落地。

提升"执行愿力"首要方法就是将集团利益、分子公司利益与员工个体利益挂钩！通过在集团乃至分子公司构建高激励的薪酬与职业发展系统达到提升"执行愿力"的目的，因为个人的收入与职业发展问题是很多员工的切身利益，而当这些利益与集团大战略目标实现相对接，那么整个集团必然就会产生执行的动力。

除了集团与分子公司、员工个人的战略利益协同外，集团企业文化培育也是不容忽视的。企业文化不是挂在墙上的口号，而是真正凝结在员工心中的共同的价值观与行为准则。在特定的条件下，它比物质激励更为有效。

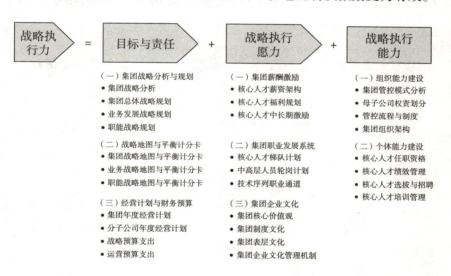

图 1-4 战略执行力的主要影响因素详解

要素三 战略执行能力

企业集团"执行能力"包含两个方面的内容：

一是组织能力。它包括集团公司（母公司）对子公司管控模式选择，以及管控流程制度与组织架构支持管控模式的能力；管控模式选择界定了集团对分子公司管控大原则，后者则是管控大原则能否真正落地的关键所在，也是集团管控能力培育的难点所在。

　　二是员工个体能力。如果仅有"目标责任"和做事的"愿力"，但集团的人力资源团队（尤其是战略人才资源）能力缺失，集团战略执行依然无法实现既定的目标，因此集团公司必须从战略高度去推动战略核心人才资源的个体能力提升。集团公司必须首先澄清哪些人才是集团的战略资源？他们必须具备哪些战略核心能力素质？集团公司可透过能力素质模型与任职资格管理来建立"用人标准"，同时通过招聘甄选来帮助集团识别候选人是否与标准相一致。应当注意，人是具有可塑性的，集团培训管理的实施则可以帮助塑造集团发展需要的人才。

　　围绕以上三大要素构建集团管控体系，是"互联网＋"时代提升中国集团型企业战略执行力的不二法门！

1.3 "互联网＋"时代的"集团管控4＋X总模型"

　　围绕三大要素构建集团管控体系，提升中国集团型企业战略执行力，佐佳咨询总结提炼出"互联网＋"时代的"集团管控4＋X总模型"。

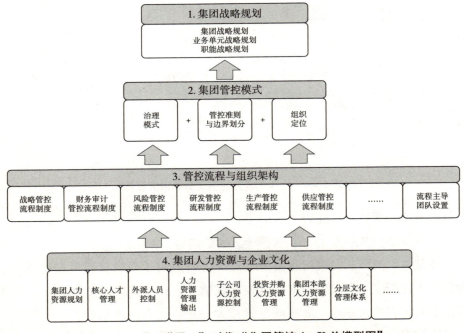

图1-5 "互联网＋"时代"集团管控4＋X总模型图"

1 "互联网+"时代的"集团管控4+X总模型"

"集团管控4+X总模型"的"4"主要指"互联网+"时代下集团管控体系建设的四大模块：集团战略规划、集团管控模式、管控流程与组织架构、集团人力资源与企业文化；X则是指"4"大集团管控体系模块细分出的X个小模块。之所以称其为"X"，是因为这些细分小模块会随着佐佳咨询集团管控理论与实践的不断演进而不断发展、不断优化、不断提升。

表1-1　　"互联网+"时代"集团管控4+X总模型表"

序号	集团管控"4"大模块	集团管控X小模块
1	集团战略规划	1.1 集团战略环境扫描 1.2 集团层面战略规划 1.3 业务单元层面战略规划 1.4 职能层面战略规划
2	集团管控模式	2.1 母子公司治理模式 2.2 管控准则与边界划分 2.3 组织功能定位
3	管控流程制度与组织架构	3.1 治理类流程制度 3.2 管控子职能类流程制度 3.3 战略管控流程制度 3.4 投资管控流程制度 3.5 财务审计流程制度 3.6 风险内控流程制度 3.7 信息化管控流程制度 3.8 供应链管控流程制度 …… 3.N 流程主导团队设置
4	集团人力资源与企业文化	4.1 集团人力资源规划 4.2 核心人才管理 4.3 外派人员控制 4.4 人力资源管理输出 4.5 子公司人力资源管控 4.6 总部人力资源管理 4.7 集团分层企业文化 ……

"互联网＋"时代"集团管控4＋X总模型"的理论原理是：在"互联网＋"时代瞬息万变的外部环境影响下，以集团型企业的战略为导向，以平衡计分卡为核心工具，将集团管控模式、管控流程优化与集团组织架构、集团人力资源与企业文化管理相链接，以确保集团战略落地，成就卓越经营绩效。

"互联网＋"时代的"集团管控4＋X总模型"中的四大模块是相互支持、相互影响的。如"集团管控4＋X总模型图"（图1－5）所示：集团战略是一个企业集团要实现的动态终极目标，任何管控都是为战略而服务的，这是集团管控的本质。"不必忙着管控，先来谈谈战略"，因此集团战略规划被置于"集团管控4＋X总模型图"的最上端。在集团战略规划实践中，佐佳咨询将"战略地图与平衡计分卡"运用于集团战略规划与解码，通过开发集团、子公司、职能战略地图帮助集团型企业构建规划集团战略的平台。

集团管控模式实际上是根据集团战略（例如投资业务组合、战略协同、竞争优势等）的要求来确定的集团管控基本准则、运作机理，它统率着管控流程与组织架构、集团人力资源与企业文化设计。佐佳咨询在国内率先提出"治理模式＋管控准则与边界＋组织功能定位"的集团管控模式：

●所谓治理模式是母子公司治理结构设计的基本准则与指导思想，它对管控流程与制度在法律架构层面产生影响，很多管理流程制度运行必须遵循治理模式的要求，尊重子公司是独立法人的事实。

●管控准则与边界就是界定如战略管控、投资管控、财务管控、品牌管控等管控子功能的运行基本准则、权责，它是管控流程与制度设计的指针，一切管控流程制度必须与准则权责相匹配。

●而组织功能定位则是对集团组织架构各层次基本功能定位与演变路径进行设计，它为后期我们细化集团组织架构实施方案，界定具体的部门职责设定了游戏规则。

管控流程制度与组织架构则是对集团管控模式具体的落实与细化，它主要包括治理类流程制度、管控子职能类流程制度、组织架构实施方案三大内容。我们可以看出治理流程制度（如董事会议事规则、信息披露规则等）决定了治理模式落地；管控子职能流程制度则是确保管控准则与边界划分落地的保障，因为集团战略、财务、资本运营、研发、供应链、审计、信息、风险管理等管控子功能最终的运作规范是透过流程制度的规范来实现的；组织架构实施方案则是对计划期内集团总部、子公司等部门职能的澄清，是集团组织发展战略具体的操作方案。由此可见管控模式回答了管控基本准则是什么，而管控流程制度与组织则着眼于解决如何将管控基本准则落地，属于管控实战操作细节问题。

集团人力资源与企业文化则是从管控子职能中剥离出来的，从理论上说它本身隶属于管控流程制度，是其不可或缺的一个构成。但由于集团人力资源与企业文化是众多中国集团型企业在战略发展中管控职能的重点短板，因此我们将其独立成一个单独模块。与平衡计分卡的四个维度一样，集团人力资源与企业文化整体支持并影响其他管控职能的运作，因为管控流程是靠"人"来实施的。在人力资源与企业文化管控方面，集团公司与单体公司有着明显区别的关注差异。这些差异往往是我们在进行集团人力资源与企业文化管控体系设计时所重点需要关注的，如集团层次化的人力资源规划、经营班子与核心人才管理、外派人员管控、人力资源管理输出、子公司人力资源控制、投资并购中人力资源管理、集团本部人力资源管理（尤其是相关多元化集团本部）、集团分层的企业文化体系建设等。

1.3.1 "互联网+"集团管控4+X总模型之集团战略规划

"目标与责任"是集团战略执行提升的首要决定要素，"实现集团整体大战略"是"互联网+"时代集团管控的本质目标，脱离了"战略+执行"的管控是没有任何意义的管控。因此明晰集团乃至分子公司战略，对集团管控模式与运作流程进行前瞻性的思考，实现"战略+执行"的无缝对接是中国企业有效实现集团化发展，打造常青企业集团的不二法门。"不必忙着管控，先来谈谈战略"，中国企业家们应充分意识到构建战略中心组织的重要性与紧迫性，在思考母公司对子公司的管控模式之前对集团战略进行梳理、规划。

与单体公司战略规划的巨大差异是，集团战略规划涉及多产业、跨地域、国际化、协同管理，决定了集团战略规划的层次性与复杂性。一般而言集团战略规划主要内容包括：

- 宏观与产业环境、战略环境扫描分析，集团资源与能力扫描分析。
- 集团基本战略、集团产业组合战略、产业协同战略、集团能力建设战略。

- 业务单元基本战略、业务单元盈利模式战略、业务单元核心能力战略。
- 职能战略目标、客户价值战略、内部运营战略、职能能力建设战略。
- 各层级战略地图、平衡计分卡与战略行动计划表设计。

战略地图与平衡计分卡在集团战略规划中的操作方法与详细内容,我们将在本书后面章节进行详尽阐述;平衡计分卡在集团战略的执行追踪与修正中的操作方法与详细内容,我们将在第四章中进行详细阐述。

1.3.2　"互联网＋"集团管控4＋X总模型之管控模式

所谓模式(pattern)是指解决问题的基本方法论。Alexander(亚历山大)给出的经典定义是:每个模式都描述了一个在我们的环境中不断出现的问题与现象,然后描述了该问题与现象的解决方案的核心、基本准则。

佐佳咨询将集团管控模式定义为:集团管控的基本原则,集团管控模式是指导集团总部管控分子公司实际运作,它也是集团管控运作体系(即集团管控流程制度、集团组织架构、集团人力资源与企业文化)设计与运行的指导思想。

佐佳咨询原创性地提出了"互联网＋"时代的集团管控模式的解码公式:
集团管控模式＝母合＋治理＋管控准则与边界

所谓母合是指母公司与子公司组合产生的协同放大效应,母合分析主要思考集团公司总部价值创造、总部与分子公司的组织功能定位;治理模式则是母子公司治理结构设计的基本准则与指导思想;管控准则与边界划分,即战略、资本运营、研发、供应链、审计、信息、风险管理等管控子功能的运行基本原则。

从理论原理上来看,"互联网＋"时代下的"母合＋治理＋管控准则与边界"集团管控模式设计实际上是在快速变化的"互联网＋"内外部战略环境下,根据集团战略(例如产业组合、战略协同、竞争优势等)的要求来确定集团管控的基本准则、运作机理。它统率着管控流程与组织架构、集团人力资源与企业文化。从内容上看则主要包括集团治理模式、管控准则与边界、组织定位前瞻规划;管控流程制度与组织架构则是根据管控模式的大原则,继续细化治理、集团管控子功能与集团组织架构的运作,因为治理模式、战略、财务、资本运营、研发、供应链、审计、信息、风险管理等管控子功能

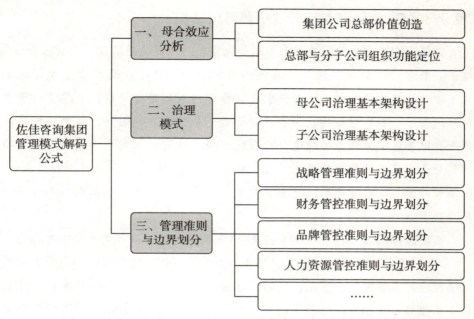

图1-6 "互联网+"时代集团管控模式解码公式的主要内容

最终运作是表现为流程运作的。如果说管控模式设计解决的是管控基本准则、运作机理问题,那么管控流程制度与组织则解决了管控子功能如何细化操作的问题;集团人力资源与企业文化是从管控流程制度体系中剥离出来的一个单独的管控模块,与平衡计分卡的四个维度一样,人力资源与企业文化支持并影响其他管控流程制度的运作。

集团管控模式设计主要包含以下四个方面活动内容:

• 集团管控模式影响因素分析。

• 总部价值创造与组织功能定位分析。

• 治理模式设计,即母子治理设计的基本准则与指导思想。

• 管控准则与边界划分,即战略管控、财务管控、品牌管控等管控子功能运行原则。

对于集团管控模式设计的实战操作,我们将在本书后面的章节中进行详细阐述。

案例 1-5　集团管控三分法指责可以休矣

　　佐佳咨询点评：集团管控类型划分流传较为广泛的是"集团管控三分法"理论。所谓"三分法"理论，其雏形是 20 世纪 80 年代战略管理大师迈克尔·古尔德等人提出的，当时他们在其合著的《战略与风格》（1987 年古尔德和坎布尔合著）中就指出了企业集团的三种战略文化偏好，这种最初被运用于战略管理风格划分的理论，后来经过多次演变被人运用于集团管控类型的划分，形成了"集团管控三分法"理论，即将总部对分子公司管控划分为：财务管控型、战略管控型、操作管控型（也有人提出四分法，但基本内容与三分法类似）。

　　背景延伸阅读（佐佳咨询秦杨勇：《集团管控三分法指责可以休矣》）

　　"集团管控三分法"总结了总部管控分子公司的典型类型，为我们理解集团管控典型类型提供了帮助，同时"三分法"理论推崇者们还指出：一般情况下集团公司管控是属于混合型的，在实战中并不适合拿某一种管控形态去直接套用。用句玩笑的话说："20 年前"笔者读本科时，管理学的老师就告诉我们：集团管控三种形态只是理论上划分，而在实战中并没有直接套用的实际操作意义。

　　但让人觉得有趣的是，我们却发现有人对"三分法"进行指责：他们中有人说集团管控是纷繁复杂的，涉及的面宽泛，怎么能三种基本形态完全覆盖，直接套用？有人说"管控三分法"缺少对于公司治理模式的管控设计；更有甚者指出内控与风险管理框架，指责"三分法"不能涵盖整个企业集团众多的职能模块，不能解释它们之间的关系（如集团文化管控、人力资源管控在"三分法"中都没有涉及）等。

　　让我们来嘲笑一下针对"集团管控三分法"的指责：如果不是"犯低级常识错误"，那么就是为了哗众取宠、吸引眼球。试想有哪个中国企业集团的高级经理会幼稚到直接拿某种管控模式在自己企业里套用？一个本科生都了解的管理常识，值得"专家级"的人们在那里神秘兮兮地去研究、评价吗？

　　要深刻理解对"集团管控三分法"批判的荒唐可笑，我们还要了解一下集团管控的本质目的是什么，佐佳咨询认为集团管控本质是"链接集团战略与分子公司执行的桥梁",管控的主要目标是"确保战略目标的实现",脱离集团战略的管控是没有方向的管控。因此集团管控要素就是"战略+执行",管控就是"提升集团战略执行力,确保集团战略目标实现"。而作为确保集团战略执行力提升的集团管控体系有三个有机组成部分:集团管控模式、管控流程与组织架构、集团人力资源与企业文化。其中,集团管控模式设计实际上是根据集团战略(如产业组合、产融发展、战略协同、资源配置、竞争优势等)的要求来确定集团管控的基本准则、运作机理,它统率着管控流程与组织架构、集团人力资源与企业文化。从内容上看则主要包括集团内部边界划分和管控运作体系规划两大部分,其中管控运作体系规划又包括对治理、管控子功能、组织发展模式的前瞻规划;管控流程制度与组织架构则是根据管控模式的大原则,继续细化集团管控子功能的运作,因为集团治理、战略、财务、资本运营、研发、供应链、审计、信息、风险管理等管控子功能最终的运作是表现为流程运作的。如果说管控模式设计解决的是管控基本准则、运作机理问题,那么管控流程制度与组织则解决了管控到什么程度、如何管控的问题;集团的人力资源与企业文化是从管控流程制度体系中剥离出来的一个单独的管控模块,与平衡计分卡的四个维度一样,人力资源与企业文化支持并影响其他管控流程制度的运作。

通过以上介绍不难看出,集团管控既包括作为管控界面划分,又包括治理模式、管控子功能运作、集团组织架构等多方面的内容。这些内容是有机联系而不是孤立存在,因为无论是集团财务、品牌、人力资源等任一管控功能,都不可能脱离集团管控模式的设计而单独存在。

那些所谓的"管控专家们"之所以指责三分法,首先,他们自己本身也根本不了解集团管控模式设计到底要澄清哪些内容,他们没有意识到边界划分、治理模式、管控子功能、组织发展等基本准则的前瞻规划都是集团管控模式设计的重要内容;其次,可能他们"研究"了集团管控三分法中财务、战略、操作三种类型所阐述的一般管控活动,发现内容阐述上有很多功能"缺项",而对三分法进行指责,例如财务管控模式没有阐述企业文化是如何管控等。殊不知"三分法"作为理论研究总结,只是抽取了其管控个性的活动进行描述,真正的实战是要我们自己去把握的;再次,指责三分法的"管控专家们"一定是将集团管控模式设计和人力资源、企业文化、品牌、财务、战略等功能管控模式设计割裂开来看的，在他们的操作程序中一定是先确定集团管控模式，然后再确定集团人力资源、企业文化、品牌、财务、战略等功能管控模式。

"集团管控三分法"仅仅是管控类型划分的理论研究，本身就不是给我们在实战中用来套用的，而"指责三分法"纯属"标题党"的行为，没有任何学术与实践价值。正如不能因为没有哪个多元化企业集团完全是靠低成本、差异化或聚焦等某一种竞争战略取胜，而我们就可以随意指责波特的竞争战略，这些是连本科生都知道的道理，所以集团管控三分法的指责可以休矣。

1.3.3 "互联网＋"集团管控4＋X总模型之管控流程制度与组织架构

集团管控模式离开了管控流程制度就会成为空中楼阁，同时脱离管控流程运作的组织架构亦无法为集团战略执行提供有效的支持，管控流程与组织架构是集团管控体系的重要构成模块之一。

我们在一些集团企业进行调研时经常会发现以下一些现象：

（1）集团管控模式与管控流程制度脱节。管控流程制度是指母子治理、战略、财务、资本运营、研发、供应链、审计、信息、风险管理等管控子功能操作运作规则。如果这些管控职能运作的"游戏规则"设定不好，再好的管控模式也无法在集团落地生根。我们经常在一些企业发现"准则与流程两张皮"的现象，一些咨询顾问热衷于大框架理论研究，而缺乏管控流程与制度再造的能力，进而造成很多集团管控变革面临较高的落地风险。

（2）产业运营缺乏"标准化管理"。在部分单一经营的产业集团，基层运营成功经验需要在各分子公司之间"克隆"；例如某零售商场集团，未来面临大规模的地域战略扩张，因此需要在本部总结出商场内部运营管理模式，进而在其他地区进行"管理克隆"。但是由于历史原因集团一直没有进行流程制度的"标准化管理"，导致缺乏商场内部运营管理模式的统一标准，进而影响地域扩张战略的实现。

（3）组织架构不能适应集团管控要求。在部分集团公司（甚至包括民营企业集团），我们很遗憾地发现由于受"内部利益平衡"影响，组织架构成为各方利益的平衡工具，从而导致管控模式与管控流程无法通过组织架构落地。

很多企业集团部门设置完全成了摆设，最终导致整个集团的战略执行能力不足。

以上三大问题都是"集团管控模式"无法通过"管控流程制度与组织架构"落地的外化表现。因此我们认为应当基于管控模式，来设计管控流程与组织架构，实现两者的无缝链接。集团管控流程与组织架构设计主要的核心活动内容包括：

- 集团管控流程制度规划。
- 公司治理类流程制度优化。
- 管控职能流程制度优化。
- 集团组织职责与运作设计。

对于管控流程制度与组织架构设计的实战操作，我们将在本书的第五章中进行详细阐述。

1.3.4 "互联网＋"集团管控4＋X总模型之集团人力资源与企业文化

集团人力资源与企业文化是支持管控流程与组织架构运作的重要保障，因此集团型企业必须保证自己有足够能力吸引选拔、教育培养、任用激励和保留集团化转型中所需人才。

而在中国很多集团型企业里，集团人力资源与企业文化管控基础仍然相当薄弱：人力资源规划与集团业务战略缺乏逻辑关系；没有理顺集团战略、管控模式、管控流程及组织架构与岗位设置关系；集团战略发展所需人才梯队的能力素质标准缺乏；急需与战略相链接的员工绩效管理系统，引导员工行为与战略要求保持一致；集团薪酬体系标准不明晰，分子公司之间无法实现合理平衡，不能有效发挥激励杠杆作用，以吸引、留用、激励人才；员工培训与职业发展未能很好地结合起来，无法增强企业竞争力和凝聚力，无法满足员工发展的需求；集团核心价值观一味追求时髦，"墙头文化"无法落地；员工对企业文化的作用存在迟疑和迷惘；对公司文化建设没有形成长期的规划和实施措施，运动式的全员参与实际上还是貌合神离。

如前所述，集团型企业人力资源与企业文化管控与单体公司有着明显的差异。这些差异往往是我们在进行集团人力资源与企业文化管控体系设计时所需要重点关注的：

- 集团与分子公司人力资源规划。
- 子公司经营班子人力资源管控（任用提名、能力模型与任职资格、业绩考核、薪酬激励）。
- 核心团队人力资源管控（非经营班子，包括外派人员管理、人才库建立、继任计划、培训与轮岗计划）。
- 集团人力资源管理输出。
- 子公司人力资源监督控制（人力资源审计、人力资源报告、集团人力资源质询会）。
- 投资并购中的人力资源管理。
- 集团本部人力资源管理。
- 集团分层企业文化体系建设。

集团人力资源与企业文化管控我们将在本书的第六章中进行详细阐述。

1.4　"互联网＋"时代集团管控体系建设六步法

根据"互联网＋"集团管控4＋X总模型理论原理，结合佳佳咨询集团管控咨询实战经验，中国企业集团管控体系建设管理变革可分为六个相互联系、相互影响的实践操作步骤，我们将其称为集团战略与执行变革六步法：

第一步　总模型构建的准备与诊断

前期准备与集团管控诊断是推进构建集团管控体系的第一步。前期准备主要有四个方面的主体工作内容：

（1）组建集团管控建设团队。集团管控建设团队需要得到集团最高决策层领导的充分授权，具备"互联网＋"战略思维能力，且能充分调动集团总部与分子公司的各种资源来支持变革。同时这个团队必须是跨部门的，掌握集团战略与管控等专业领域的知识与技能，只有这样的团队组合才能保证团队对管理变革的强大推动力。

（2）确保集团管控建设的计划性。编制构建集团管控体系的变革计划就是为了明确变革推进时间表，对构建集团管控体系的每个步骤、需要配置的资源及期望的产出做详细的规划，它能够帮助变革团队明确推进工作的行动

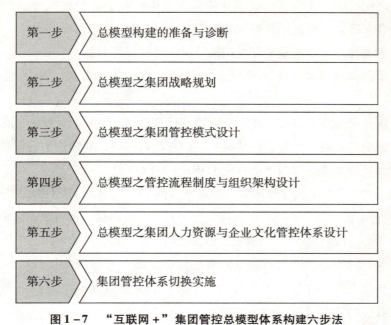

第一步	总模型构建的准备与诊断
第二步	总模型之集团战略规划
第三步	总模型之集团管控模式设计
第四步	总模型之管控流程制度与组织架构设计
第五步	总模型之集团人力资源与企业文化管控体系设计
第六步	集团管控体系切换实施

图1-7 "互联网＋"集团管控总模型体系构建六步法

安排，确保工作有条不紊地进行。

（3）集团内部广泛的学习与宣传。广泛的宣传与培训也是前期准备阶段必不可少的活动，它的主要作用是能够通过宣传与培训向集团总部乃至分子公司的全体员工推介变革的重要意义，以获得广泛支持。在这个阶段，"互联网＋"的各项工具、软件都可以，而且应当被充分运用，如微博、微信、App应用、论坛等。

（4）准备诊断模块内容清单。集团管控现状诊断也是变革准备完成后的一项活动，无论是企业自身开展还是咨询顾问介入，都有必要组织一次前期诊断活动，来获得一些有关集团在战略、管控等各个方面的信息。佐佳咨询开发出的"基于'互联网＋'集团管控4+X总模型的诊断清单"能够帮助我们实现诊断的科学性。

第二步 总模型之集团战略规划

"互联网＋"时代的集团战略规划与传统型，以及单体公司战略规划都存在巨大差异，集团战略规划不仅仅要思考单一产业中的产品与市场增长策略，如何利用自己的核心能力打败竞争对手，还要分析多产业组合战略，研究集

033

团产业之间的协同效应，认真设计如何将实体产业经济与虚拟金融经济有效地组合在一起。因此集团战略规划的内容主要包括：

- 宏观与产业环境战略环境扫描分析，集团资源与能力扫描分析。
- 集团基本战略、集团产业组合战略、产业协同战略、集团能力建设战略。
- 业务单元基本战略、业务单元盈利模式战略、业务单元核心能力战略。
- 职能战略目标、客户价值战略、内部运营战略、职能能力建设战略。
- 多层级战略地图与平衡计分卡开发。

集团战略分析工具在此环节能得到充分的运用，例如 PESTEL 分析（宏观环境分析）、波特五力分析、利益相关者分析、企业内部价值链分析、SWOT 分析（优劣势分析）、业务组合分析、产业波动周期分析、产业协同分析等。

与众不同的是，佐佳咨询强调运用战略地图工具实现集团战略规划的简单、集成与有效，战略地图开发过程中的绘制文件涉及战略地图、平衡计分卡、战略行动计划表等。

第三步　总模型之集团管控模式设计

集团管控模式设计本质上是根据集团战略的要求（例如产业组合、战略协同、竞争优势等）来确定集团管控的基本准则、运作机理，它包括治理模式、管控准则与边界（权责）、组织功能定位等内容。集团管控模式设计的主要意义在于：明确集团总部管控分子公司的指导思想与基本原则。在佐佳咨询原创的"'互联网＋'集团管控4＋X总模型"中，集团管控模式统率着集团管控流程制度，引领着集团组织架构设计、人力资源与企业文化管控设计。

集团管控模式设计首先需要分析集团管控模式影响因素，结合分析结果对治理模式进行设计，即母子治理设计的基本准则与指导思想；其次，划分管控准则与边界，即战略管控、财务管控、品牌管控等职能条线的母子公司权责体系；再次，对总部与分子公司的组织功能进行前瞻规划，即明晰组织架构各层次基本功能定位与演变路径。

第四步　总模型之管控流程制度与组织架构设计

如前所述，管控流程制度是指战略、财务、资本运营、研发、供应链、审计、信息、风险管理等职能条线的运作规则。"管控流程制度与组织架构"是确保集团管控模式落地的基本保障，"管控流程制度与组织架构"必须与

"集团管控模式"保持高度的匹配性，否则再好的集团管控模式也无法在集团落地生根，沦落为空洞、务虚的口号。

我们在一些企业经常发现"管控模式与管控流程制度两张皮"的现象，一些管理咨询顾问也热衷于集团管控框架理论研究，天马行空并且逻辑混乱，缺乏针对集团管控流程与制度再造的能力，进而造成很多集团管控变革面临较高的难以落地的实施风险。

"管控流程制度与组织架构"主要包括规划管控流程制度清单、选择核心管控流程制度、优化核心管控流程制度、梳理集团组织架构、描述部门职能、流程主导团队设置等内容的工作。

第五步　总模型之集团人力资源与企业文化管控体系设计

与战略地图思想一致，集团人力资源与企业文化是影响"管控流程制度与组织架构"实践的决定性因素，因为无论战略、财务、资本运营、研发、供应链、审计、信息、风险管理等都是通过"人"来实施的，集团组织架构的运作主体也是"人"，因此集团人力资源状况、企业文化氛围都会直接影响效率与效果，而集团人力资源状况、企业文化氛围又取决于集团人力资源与企业文化管控。

集团公司不仅仅涉及单体公司人力资源与企业文化管理职能运作，还涉及集团公司的独特关注点。因此该步骤设计内容主要包括：

- 集团多层次人力资源规划。
- 经营班子与核心人才人力资源管控机制设计。
- 集团人力资源管理输出计划。
- 子公司人力资源监督控制机制。
- 投资并购中的人力资源管理变革方案。
- 集团本部人力资源管理体系设计。
- 集团分层企业文化体系建设等内容。

第六步　集团管控体系切换实施

集团管控体系切换实施是最后一个步骤，该环节包括新管控体系培训与民主讨论、管控流程制度与组织架构切换、集团人力资源与企业文化调整、切换后实施的跟踪与修正等重要内容。

首先，针对新管控体系培训与民主讨论的主要目的是：让集团总部与分子公司熟悉新管控体系、架构；通过培训与民主讨论充分征集新管控体系的修正意见；统一思想，培育新管控体系实施必要性的认识。

其次，在管控流程制度与组织架构切换以及集团人力资源与企业文化调整方面，要做好试运行工作，通过体系试运行暴露问题、解决问题，进而进入正式运行的阶段。

最后，在切换后实施跟踪与修正环节中，集团管控变革的归口管理部门、管控流程主导部门应当担负起最主要责任，跟踪过程中如果发现任何问题都要会同有关部门及时解决。

2

总模型构建的准备与诊断

　　本章将重点探讨"互联网＋"背景下，集团变革准备与管控诊断。在"互联网＋"时代，信息呈几何级涌现，加之外部环境瞬息万变，以及中国复杂的文化背景，必然带来集团管控变革面临诸多挑战。

　　我们要特别强调的是：好的开始是成功的一半！不要忽视了变革准备与诊断工作，不要认为花精力来做这项工作是不值得的一件事。因前期准备工作不足而导致集团管控变革在最终的实施中失败的企业比比皆是，这些失败的经验和教训告诉我们，变革准备与诊断对后期的集团管控体系的建设有着最直接的影响。

2.1　集团管控变革的前期准备

"互联网＋"时代，集团管控变革面临外部环境变化快、不确定性大等诸多不利因素，因此强有力的变革团队、翔实可执行的变革计划以及广泛的学习与宣传，是推进集团管控变革的有力保障。

2.1.1　强有力的集团管控变革团队

组建强有力的变革团队是管控变革准备的四项基本原则之一，也是变革准备第一个环节的活动，因为任何管理变革都不可能由某一个人来独自推进，由组织的全体成员来共同推进也不具有可操作性。因此我们必须在集团与分子公司之间组建一个跨部门的、临时的管控变革团队，这个团队应当由不同工作背景的人组合在一起，实现优势互补。虽然在不同的组织中，管控变革团队构成人数上会有差异，但是要想确保变革成功，团队必须具备一个基本的特征，那就是"强有力的推动能力"。无论人员如何搭配，一个具备"强有力推动能力"的变革团队应当具备以下特征：

1. 具备"互联网＋"战略思维

思想决定行动，行动决定结果。相较于传统意义上的集团管控变革，"互联网＋"时代的集团管控，既有继承，也有新的要求。从集团高层，到分子公司关键岗位人员，甚至是基层员工，都要积极、主动认识、接受互联网及其"互联网＋"新模式。

039

2. 掌握推动集团管控变革所需要的权力与资源

推进团队必须具有组织、调动集团与分子公司相关资源的权力，这样才能确保变革所需要的足够的人力、物力及财力上的支持。那么谁具有权力和资源呢？几乎所有的人都会立即异口同声地回答："集团与分子公司的最高领导!"的确也只有他们才具备绝对的调动组织资源的权力。因此集团管控变革要求集团最高领导亲自挂帅，让他亲自担任变革项目指导委员会的主任，也只有借助他们的力量才能保证集团战略与执行力提升变革的成功。

3. 了解集团整体运作，熟悉各个领域的现状

推进团队除了具备所需要的组织权力外，还应当有一部分成员对自己所在的职能领域的运作十分熟悉，并具备相当的专业知识。一般来说，能满足这个条件的最佳人选是你集团公司各个部门的经理，让他们加入管控变革团队最大的好处就是：他们因为对各自的职能领域十分熟悉，所以就能够及时提供有关职能领域的信息并与你一道去分析它们；同时他们还具有在部门内调动相关资源的权力，这使得他们是其部门内管理变革发起的最佳人选。

4. 拥有集团战略与集团管控专业知识与技术

变革团队中必须还有一部分成员是集团管控体系建设的专家，他们应当精通集团战略、财务管控、人力资源管控、集团文化管控、品牌管控、风险管控、供应链运营管控、流程主导团队设置等多个职能专业领域的专门知识与技术。这些专家绝对不能是理论体系的布道者（理论家）。

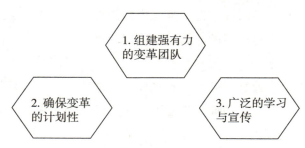

图2-1 集团管控变革准备与诊断原则

2.1.2 确保管控变革的计划性

1. 充分翔实的计划制订

在组建推进团队后，就要制订集团管控变革推进计划，建议在咨询顾问

介入的前提下，他们将与企业的项目小组共同编排计划。

2. 强有力的计划执行

管控变革推进计划一般会详细罗列出项目推进的各个大步骤及大步骤中的每一项活动；同时计划还应当能够清楚地表明这些步骤活动的开始时间和结束时间；有的对每一步骤及活动中各方担当的责任还应当明确确定；最后还需要确定在各个步骤或活动结束后，应当获得什么样的结果（即界定产出）。

3. 柔性的计划管理

"互联网＋"时代最大的特点是"变"，随时、随地都充满不确定性和变数。一方面，要求变革团队对变化的因素进行甄别、评定，进而做出相应对策；另一方面，要有一套柔性的计划管理机制，以增强计划的适应性和操作性。

案例2－1 集团管控变革推进计划

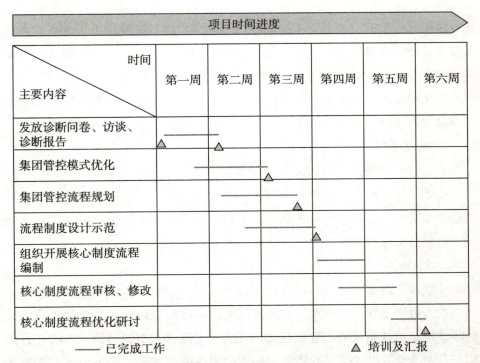

图2－2 集团管控变革计划编制示意（片段）

2.1.3 广泛学习与宣传

集团管控变革需要获得集团及分子公司全体人员的共识，以便于他们后期能够支持、参与或配合控制力提升的变革。事实上一次管控变革能否获得成功往往对集团各个管理层级的人员提出不同的要求：

首先，集团高层特别是集团决策层领导倡导。因为他们是集团的大脑和指挥部，他们应当是管理变革的首要发起人。他们应当充分地倡导，这种倡导不是仅仅停留在口号上，而应落实到行动上，以自己的行动来充分地表明他们对变革的重视程度，为变革提供足够的人力、物力与财力上的支持。

其次，集团管控的变革还要求集团总部部门经理与分子公司高管能够充分参与。因为他们在集团中起着承上启下的作用。也可以这样说，管控变革每个环节的工作都和他们的参与程度息息相关。集团总部部门经理与分子公司高管能不能掌握管控变革的基本理论原理、方法与工具，往往是变革成败与否的关键！

最后，基层的理解和配合也是管控变革成功实践的保证，正是基层的员工在集团各级管理层领导之下，创造出一次又一次的辉煌创举。试想如果基层员工不能够理解变革的意义，甚至是抱着封闭、抵制的心态，那么变革又能获得多少来自基层的支持？又能在多大程度上获得成功？

为了使集团、分子公司等各层面人员能够主动倡导、参与及理解整个变革活动，在前期的宣传、培训与学习环节上一般要进行以下几个方面的工作：

1. 动员会

在管控变革项目开始之前召开动员大会是要向全体员工传递一个信号：集团决策层领导已经下定决心将管控的革命进行到底！集团公司的最高领导应当在动员大会上明确自身的态度，只有当他们竭力去倡导的时候，分子公司、基层员工才会重视并参与、配合。

2. 培训会

变革准备活动中还应当尽可能多地组织培训。如果集团人数众多，参加培训的人可以是管理骨干人员。通过前期培训你们可以使集团各级管理人员初步掌握集团战略规划、管控模式设计、管控流程与组织架构、集团人力资源与企业文化等模块的基础知识，便于以后在后期的变革推进中有着更便捷的沟通。

3. 发放宣传资料

各种宣传资料能够使得员工在参加培训、动员大会之后，更加详细地了解集团管控变革。因此企业还应当准备好相关的学习与宣传资料，打印装订培训的教案，购买集团战略管控、平衡计分卡、流程管理、人力资源管理、企业文化、集团组织设计等相关的书籍并发放到相关人员的手中。

4. 分小组学习、讨论

分小组学习的要求可以向集团职能部门、各分子公司提出。为确保分小组学习不流于形式，还可以让各部门、分子公司编制学习计划并根据计划检查监督其执行情况。

2.1.4 灵活多样的渠道选择

"互联网＋"时代，各种网络工具，都可以且应当运用于集团管控变革的前期准备当中，借助微信、微博、论坛等，迅速、准确地达到宣传和动员之目的。甚至通过开发 App，借助移动互联技术，实现随时随地地事先沟通、交流。

案例2-2 从《西游记之大圣归来》看"互联网＋"时代的准备宣传

国产动画电影《西游记之大圣归来》以 2D、3D、中国巨幕的形式在国内公映后，截至当年 9 月 8 日，累计票房已经达到 9.53 亿元！国产动画电影取得如此票房成绩，导演及创作团队都直呼大大超出预期，果真是意外之喜吗？

《西游记之大圣归来》的成功，既是偶然，也是必然，是"互联网＋"时代精心的产物。

其一，用心筹备，找准定位。

8 年！准备时间之长不可谓不久。"用心"制作，"一个特别贵的场景，都是以秒来报价，因为品质很难用分钟来'打包'，我们要精确到每一秒，有时为了某一种感觉，我们需要翻来覆去地去改，为了单个的一秒，付出的成本很高。"

《西游记之大圣归来》的全案宣传营销为灵思传奇，由拥有 4A 背景的广告公司精心策划。而《西游记之大圣归来》的基调则是展现一个低落、消极的贴近生活实际的普通大圣，电影结尾大圣"归来"，恰好契合了大多数人的心声，容易产生共鸣。《西游记之大圣归来》的定位也不仅是给儿童观看，还是面向各类群体。

其二，借力"互联网＋"营销。

相较于传统营销渠道和手段，《西游记之大圣归来》真正搭上了"互联网＋"的营销模式，号称"几乎没有花广告费"，实则是好钢用在刀刃上，借助微博营销、自媒体营销等互联网手段，迅速扩大营销范围。

其三，聚拢人心的粉丝营销。

"自来水"、刷屏等，不断放大《西游记之大圣归来》的号召力和吸引力，加上大众的猎奇心理，涌入影院是顺理成章。

可以看出，《西游记之大圣归来》并非意外的惊喜，而是精心准备和筹划后，借助天时地利人和而取得的巨大成功。

2.2　集团管控诊断方法

集团管控诊断方法选择会对诊断的最终质量产生重大影响，在"互联网＋"时代，传统的集团管控诊断方法并未"失效"，但在表现形式上需要和"互联网＋"灵活融合，借助"互联网＋"的工具，提高诊断的效度和信度。基于此，传统集团管控诊断方法，如用户反馈法、访谈法、问卷调查法、资料调阅等，都可以灵活运用于"互联网＋"时代集团管控变革的诊断，而这些方法和工具也是咨询顾问所钟爱的法宝。

2.2.1　用户反馈法

"互联网＋"时代，更强调客户价值体验、强调O2O，集团管控诊断的最终目的是满足客户需求，通过集团内部的管控变革，打通集团以客户为导向的管控体系设计各个环节。可以借助网络视频、邮件调查等完成用户调查工作。

2.2.2　访谈法

访谈法是指由变革推进人员与事先确定的受访者进行集体或者一对一

的沟通，以获取所需信息的一种方法。由于访谈法是一个互动沟通的过程，双方可以就一些特别关心的问题进行深入的沟通与探讨，因此从理论上讲它能有效地挖掘受访者内心深处最为真实的想法，尤其有助于澄清深层次的问题。

但是如果访谈是由集团自己组织的话，被访谈者可能不太愿意说出自身真实的想法或感受，例如，他可能不太认同管控的变革，但是为了附和集团领导层的决策还是口头上说十分支持。对于这样的问题要结合无记名问卷调查或者聘请外部咨询顾问来展开调查更为有效。

在访谈的过程中访谈人员应当注意以下几个方面的问题：

首先，要营造一个良好的、宽松的沟通氛围，在态度、座位的安排上应尽量造成一种亲切感。

其次，还要让诊断人员对谈话中的重点问题进行记录。

再次，要求他们学会倾听的技巧，尽量让受访者阐述自己的看法，不要在访谈中轻易发表自己的观点等。

在正式的集团管控的访谈展开之前，一般要事先拟定一个结构化的访谈提纲，这样可以避免在访谈过程中遗漏一些需要澄清的问题。

案例2-3　集团管控诊断总部高层访谈提纲

（一）集团公司总经理访谈提纲

尊敬的集团公司总经理：

您好！我们是上海佐佳咨询的企业管理顾问，正在积极推进集团管控体系建设管理咨询项目，感谢您抽出宝贵的时间与我们进行沟通、交流。

谢谢！

佐佳咨询集团管控项目组

1. 企业发展历程

（1）请您介绍一下集团的发展历程。

2. 集团战略发展

（2）您对集团涉足产业未来发展前景是怎么看的？有哪些机遇威胁？如何应对？

（3）与业内其他企业相比，您认为贵集团的优劣势是什么？

（4）在未来，您希望贵集团是什么样的企业？未来的战略目标是什么？

（5）除了目前的物资贸易、机械装备与物流等业务外，集团未来会涉足哪些产业？

（6）您认为"互联网＋"会对业务带来什么样的影响？该如何应对？

（7）您对部分企业实施产融结合发展模式（如苏美达）是怎么看的？

3. 集团管控模式、权责、管控流程与组织架构

（8）您如何看待目前集团总部针对分子公司的管理？您认为有哪些提升的空间？

（9）目前总部对子公司管控流程设计与落实情况如何？有哪些您不满意的地方？

（10）您认为集团在部门设置方面存在的主要问题有哪些？哪些部门可以合并，可以撤销，同时应该增加哪些部门？

4. 您对本次"互联网＋"时代背景下的集团管控咨询项目的期望和要求是什么

（二）集团公司副总经理访谈提纲

尊敬的集团公司××副总：

您好！我们是上海佐佳咨询的企业管理顾问，正在积极推进集团管控体系建设管理咨询项目，感谢您抽出宝贵的时间与我们进行沟通、交流。

谢谢！

佐佳咨询集团管控项目组

1. 个人介绍

（1）请您简要介绍一下您的工作经历。

2. 集团公司战略发展

（2）对集团未来5～10年战略目标及业务组合您是怎么看的？

（3）"互联网＋"时代下集团未来面临着怎样的机遇与挑战？我们的优势与劣势是什么？

（4）在行业内部，您最欣赏的企业是哪一家？哪些地方值得我们学习与借鉴？

3. 集团管控模式、权责、管控流程与组织架构

（5）集团公司总部功能如何定位？管控分子公司的基本原则是什么？

（6）您分管哪些部门？部门职能是什么？目前组织架构是否能支撑集团异地化、国际化、互联网化的发展战略？未来总部哪些该管、哪些不该管？有何改进空间？

（7）您分管哪些子公司？董事会的运作机制如何？

4. 人力资源与企业文化

（8）集团目前人力资源现状与未来战略发展之间突出的矛盾是什么（如人才本土化）？

（9）您对集团公司现行的绩效薪酬管理有什么想法？

（10）请简述集团公司的企业文化管理现状。

5. 您对本次"互联网＋"时代背景下的集团管控咨询项目的期望和要求是什么

（三）集团公司部门负责人访谈提纲

尊敬的部门负责人：

您好！我们是佐佳咨询公司的管理顾问，正在推进集团管控体系建设管理咨询项目，而前期我们开展的项目访谈是确保本次管理项目成功的重要前提工作。您在访谈中所提供信息的真实性、客观性和全面性，对于确保后期我们组织架构方案的可行性将起到至关重要的作用。这也必将影响集团未来企业管理水平的提升。

我们承诺：佐佳咨询项目组作为专业的咨询机构，不会向贵公司任何人透露访谈内容。

感谢您对本次访谈及管理咨询项目的支持！

佐佳咨询集团管控项目组

1. 个人介绍

（1）首先请您简要介绍一下您的工作经历。

（2）您主管哪个部门？职责有哪些？有哪些岗位？汇报关系是什么？与大区哪些部门对接？

2. 集团管控模式、权责、管控流程与组织架构

（3）集团公司总部部门设置您认为是否合理？有什么改进建议？

（4）本部门如何实现对大区、外省公司、子公司管控与支持？有哪些日常的工作接口？权责划分是否合理？（可以按照部门职责，对各职能模块细分阐述，例如财务部可将工作流程接口分为：核算标准制定、财务预算、资金管理、对外担保、税收筹划、固定资产、财务报表、费用审批、财务稽查、存货与应收管理等）

（5）本部门主导哪些流程制度？目前有哪些？未来需要补充哪些流程制度？

3. 人力资源管理

（6）本部门关键岗位设置是否合理？如需优化您有什么好的建议？

（7）您对公司现行绩效薪酬管理有什么想法？实施效果怎样？存在哪些不足？

4. 您对本次"互联网＋"时代背景下的集团管控咨询项目的期望和要求是什么

（四）集团公司关键岗位员工访谈提纲

尊敬的××公司员工：

您好！我们是佐佳咨询公司的管理顾问，正在推进集团管控体系建设管理咨询项目，而前期我们开展的项目访谈是确保本次管理项目成功的重要前提工作。您在访谈中所提供信息的真实性、客观性和全面性，对于确保后期我们组织架构方案的可行性将起到至关重要的作用。这也必将影响集团未来企业管理水平的提升。

我们承诺：佐佳咨询项目组作为专业的咨询机构，不会向贵公司任何人透露访谈内容。

感谢您对本次访谈及管理咨询项目的支持！

佐佳咨询集团管控项目组

1. 个人介绍

（1）首先请您简要介绍一下您的工作经历。

2. 集团管控模式、权责、管控流程与组织架构

（2）您在集团公司主要负责哪个方面的工作？汇报关系如何？

（3）您经常与子公司哪些部门或岗位对接？权责如何划分？

（4）从您的角度来看，总部应该加强哪些方面的管控与支持的改进？

3. 人力资源与企业文化

（5）您对绩效管理薪酬有什么看法？实施效果是什么？存在哪些不足？

（6）您认为总部的企业文化建设开展得如何？参加过哪些企业文化活动？

4. 您还有什么要补充的

（五）子公司负责人访谈提纲

尊敬的子公司负责人：

您好！我们是佐佳咨询公司的管理顾问，正在推进集团管控体系建设管理咨询项目，而前期我们开展的项目访谈是确保本次管理项目成功的重要前提工作。您在访谈中所提供信息的真实性、客观性和全面性，对于确保后期我们组织架构方案的可行性将起到至关重要的作用。这也必将影响集团未来企业管理水平的提升。

我们承诺：佐佳咨询项目组作为专业的咨询机构，不会向贵公司任何人透露访谈内容。

感谢您对本次访谈及管理咨询项目的支持！

佐佳咨询集团管控项目组

1. 个人介绍

（1）请您简要介绍一下您的工作经历。

2. 子公司未来发展战略

（2）请简单描述子公司未来的发展战略。

（3）"互联网＋"对子公司战略环境、规划及战略执行产生了何种影响？

3. 集团管控模式、权责、管控流程与组织架构

（4）请您介绍一下目前子公司高层主要分工情况、部门设置与部门职责？有没有关于子公司组织架构的优化建议？

（5）子公司董事会目前是如何运作？有哪些需要完善？如何考核经营团队？

（6）您对总部的组织架构与部门设置是怎么看的？需要在哪些方面加强针对子公司的管控与支持？

4. 人力资源与企业文化

（7）目前子公司人力资源队伍现状是否适应未来战略发展要求？

（8）您对子公司现行的绩效薪酬管理有什么看法？实施效果如何？存在哪些不足？

5. 您对本次管理咨询项目的期望和要求是什么

（六）子公司部门负责人访谈提纲

尊敬的子公司部门负责人：

您好！我们是佐佳咨询公司的管理顾问，正在推进集团管控体系建设管理咨询项目，而前期我们开展的项目访谈是确保本次管理项目成功的重要前提工作。您在访谈中所提供信息的真实性、客观性和全面性，对于确保后期我们组织架构方案的可行性将起到至关重要的作用。这也必将影响集团未来企业管理水平的提升。

我们承诺：佐佳咨询项目组作为专业的咨询机构，不会向贵公司任何人透露访谈内容。

感谢您对本次访谈及管理咨询项目的支持！

佐佳咨询集团管控项目组

1. 个人介绍

（1）首先请您简要介绍一下您的工作经历。

2. 集团管控模式、权责、管控流程与组织架构

（2）您认为子公司部门设置是否合理？有什么改进建议？

（3）您主管哪个部门？部门主要职责有哪些？有哪些岗位？有何优化空间？

（4）您的部门与总部哪些部门有日常工作接口？具体内容是什么？权责如何划分？

（5）您认为总部对本部门的日常工作需要在哪些方面加强管控与支持？

3. 人力资源管理

（6）您对公司现行绩效管理薪酬有什么看法？实施效果如何？存在哪些不足？

4. 您还有什么需要补充的

（七）子公司关键岗位员工访谈提纲

尊敬的××公司员工：

您好！我们是佐佳咨询公司的管理顾问，正在推进集团管控体系建设管理咨询项目，而前期我们开展的项目访谈是确保本次管理项目成功的重要前提工作。您在访谈中所提供信息的真实性、客观性和全面性，对于确保后期我们组织架构方案的可行性将起到至关重要的作用。这也必将影响集团未来企业管理水平的提升。

我们承诺：佐佳咨询项目组作为专业的咨询机构，不会向贵公司任何人透露访谈内容。

感谢您对本次访谈及管理咨询项目的支持！

佐佳咨询集团管控项目组

1. 个人介绍

（1）首先请您简要介绍一下您的工作经历。

2. 集团管控模式、权责、管控流程与组织架构

（2）您在子公司主要负责哪个方面的工作？汇报关系如何？

（3）您经常与总部哪些部门或岗位对接？权责如何划分？

（4）从您的角度来看，总部应该加强哪些方面的管控与支持的改进？

3. 人力资源与企业文化

（5）您对绩效管理薪酬有什么看法？实施效果是什么？存在哪些不足？

（6）您了解总部的企业文化吗？参加过哪些企业文化活动？

4. 您还有什么要补充的

2.2.3　问卷调查法

问卷调查法也是集团管控诊断资讯收集的常用方法之一，它要求调查人员事先设计好调查问卷，然后将问卷发放到受访者的手中，让受访者回答问卷中所列的问题，以此来收集需要的信息。问卷调查灵活性很高，它最大的优势是能以较低的沟通成本获得大面积的样本信息，同时对于很多在异地工作或者出差没有条件展开访谈的人员也可以采取问卷调查法。在实际操作中既可以采取全面调查也可以采用抽样调查。

事实上问卷调查法也是访谈法的一个有效补充。在实施中要注意的一个问题就是调查问卷的设计，一般来说如果受访者素质水平较高，问卷可以设计成开放式的；如果受访者素质水平较低，则尽量将调查问卷设计成封闭式的。在条件允许的情况下，建议组织一次问卷调查的填写会，这样做虽然使得填写人思考的时间少，但是往往可以使得填写人获得无干扰的环境，确保其填写的独立性。如果涉及一些敏感的问题还可以采取无记名填写方式进行。无论是现场填写还是非现场填写，必须在规定的时间内收回调查问卷并进行汇总整理，因为只有将大量样本对同一问题的答案统计出来后，问卷才能真正发挥它们的作用。在统计分析的过程中，还要注意鉴别填写答案的信度，对于一些明显信度低的问卷应当予以剔除。

案例 2-4　集团管控诊断调查问卷（片段）

尊敬的集团员工：

您好！我们是佐佳咨询的集团管控顾问。我们正在与您一起为提高集团的管理水平而努力。此次问卷调查的目的是了解您对今天"互联网＋"时代下集团管控的真实看法以及改善意见，并在××月××日之前完成，交到控股集团总裁办。您的意见对集团未来发展至关重要！问卷数据以统计分析方式使用，不会泄露您的个人看法。请重视您对公司发表意见的机会，不要让别人代填，也不要相互讨论。您对问卷的认真和客观填写，是对我们工作的大力支持，非常感谢您的积极参与！

在问卷填写过程中如有疑问，可随时与项目组联系。

佐佳咨询集团管控项目组

【调查问卷内容】

说明：请将对应的选项填入（　　　）中，如无特别说明，只选一项。

1. 您认为在今天"互联网＋"时代下，控股集团、产业集团、分子公司三层面之间职能定位与权责分工（　　　）

A. 整体分工很明确，各管理职能边界很清晰。

B. 基本线条清晰，但各管理职能也有不合理或模糊不清楚的地方。

C. 整体比较混乱。

2. 您认为在今天"互联网+"时代下，集团管控在集分权上（　　　）

A. 控股集团整体集权过度。

B. 产业集团集权过度（可在备注中标明是电气、地产、国贸）。

C. 控股集团整体分权过度。

D. 产业集团对子公司分权过度。

3. 您认为在今天"互联网+"时代下，集团总部（控股集团）总体上属于（　　　）

A. 控股集团直接干预各产业集团运营。

B. 控股集团基本不干预各产业集团运营。

C. 控股集团在很多方面介入各产业集团运营，但适度分权（例如在某些职能方面或某些不同产业适度分权）。

4. 您认为在今天"互联网+"时代下，集团总部（控股集团）在未来战略期应当（　　　）

A. 维持现状。

B. 分权发展，从运营型总部逐步向战略型总部过渡。

C. 集权发展，从战略型总部逐步向运营型总部过渡。

D. 如果A、B、C三种状况都不能满足您的观点，请在下列横线中填写您的观点＿＿＿＿＿＿＿＿＿＿＿＿＿＿＿＿＿＿＿＿＿。

5. 您认为在今天"互联网+"时代下，集团战略管控（　　　）

A. 目前有非常明确的战略规划和战略管理流程。

B. 目前有非常明确的战略规划，但是缺乏针对战略追踪、评估、修正的流程。

C. 目前有非常明确的战略目标，但是实现目标战略行动计划仍需细化，同时缺乏针对战略追踪、评估、修正的流程。

6. 您认为在今天"互联网+"时代下，集团战略管控职能的归属（　　　）

A. 在控股集团层面有必要成立战略管理部，分管集团战略规划、追踪、评估与修正，并履行战略投资项目管理职能。

B. 将战略管理的职能纳入控股集团某一个部门，履行集团战略规划、追踪、评估与修正，及战略投资项目管理的职能。

C. 上述A、B的做法都没有必要。

7. 您认为在今天"互联网 +"时代下，集团整体投资决策、审批（　　　）：

A. 目前投资决策、审批的流程与权限划分是合理的。

B. 过度集权在控股集团，需要区分不同的产业集团，重新审视投资控制。

C. 集权程度不够，还需要在控股集团层面加大控制权限。

8. 您认为在今天"互联网 +"时代下，针对电气产业集团的生产运营控制（　　　）

A. 控股集团干涉太多。

B. 控股集团干预不够。

C. 目前是合理的。

9. 您认为在今天"互联网 +"时代下，针对地产产业集团运营控制（　　　）

A. 控股集团干涉太多。

B. 控股集团干预不够。

C. 目前是合理的。

10. 您认为在今天"互联网 +"时代下，针对国际贸易产业集团运营控制（　　　）

A. 控股集团干涉太多。

B. 控股集团干预不够。

C. 目前是合理的。

11. 您认为在今天"互联网 +"时代下，集团整体财务管理（　　　）

A. 控股集团目前控制太多、太严格。

B. 控股集团目前控制太少、太宽松。

C. 目前基本合理。

12. 您认为在今天"互联网 +"时代下，集团整体的人力资源管理（　　　）

A. 控股集团目前控制太多、太严格。

B. 控股集团目前控制太少、太宽松。

C. 目前人力资源管控力度基本合理。

13. 您认为在今天"互联网 +"时代下，集团整体的企业文化管理（　　　）

A. 控股集团在企业文化建设方面功能需要加强。

B. 由各个子集团自行拟定企业文化规划。

C. 目前阶段没有进行企业文化建设的必要。

14. 您认为在今天"互联网+"时代下,集团整体品牌管理(   )

A. 控股集团在品牌管控方面统一控制标准与明确控制方法,各子集团实施推广。

B. 控股集团在品牌管控方面缺乏统一控制标准,各个子集团自行进行品牌管理。

15. 您认为在今天"互联网+"时代下,集团整体信息化管理(   )

A. 控股集团目前进行统一信息规划,统一实施推进,基本合理。

B. 控股集团目前缺乏统一信息规划,需要统一控制实施。

C. 由各个子集团自行规划,分头实施。

16. 您认为在今天"互联网+"时代下,集团合同与法务方面(   )

A. 控股集团在合同与法务方面的管理基本符合目前的现状。

B. 控股集团需要进一步加强集中控制的权限。

C. 控股集团在合同与法务方面实行分级管理,需要适度分权。

17. 您认为控股集团要加强对下属公司哪些方面的服务支持,可多选(   )

A. 公共关系协调。

B. 资金支持。

C. 人力资源服务。

D. 管理输出。

E. 其他(请填入补充项)_____。

18. 从目前现状来看,对各分子公司产业集团总部总体上属于:

电气产业(   )、房地产(   )、国际贸易(   )

A. 产业集团直接干预各分子公司运营。

B. 基本不干预各分子公司运营。

C. 直接干预各分子公司运营,但在某些方面适度分权。

D. 基本不干预各分子公司运营,但在某些方面适度集权。

E. 在产业集团的管控集分权方面,目前不十分清晰,有待于认真深入思考。

19. 您认为在今天"互联网+"时代下,对各分子公司产业集团在未来(一般5年左右时间)应当:

电气产业（　　）、房地产（　　）、国际贸易（　　）

A. 维持目前针对各分子公司管控的现状。

B. 分权发展，从运营型总部逐步向战略型总部过渡。

C. 集权发展，从战略型总部逐步向运营型总部过渡。

D. 如果 A、B、C 三种状况都不能满足您的观点，请在下列横线中填写您的观点＿＿＿＿＿＿＿＿＿＿＿＿＿＿＿＿＿＿＿。

20. 您认为各电气产业集团内部是否有战略性资源没有得到充分的共享，其他产业集团任职人员可不填写此项（　　）

A. 有（如果选择为 A，请您尽量罗列有哪些资源并简单陈述，例如客户资源、技术资源、品牌资源、战略物资采购等）＿＿＿＿＿＿＿＿＿。

B. 没有。

21. 您认为在今天"互联网＋"时代下，电气产业集团需要加强在哪些方面的管控职能，可多选，在其他产业集团任职人员可不填写此项（　　）

A. 业务战略规划。　　　B. 人力资源管理。　　　C. 市场营销。

D. 品牌管理。　　　　　E. 财务管理。　　　　　F. 研发管控。

G. 其他（选 G 项请填入补充项）＿＿＿＿＿＿＿＿＿。

2.2.4　资料调阅法

资料调阅法是集团管控传统的诊断资讯收集方法之一，但即使在"互联网＋"时代也很适合，也是可以作为集团管控诊断资讯收集的常用方法之一，它要求调查人员事先设计好资料调阅清单。

案例 2-5　资料借阅清单

为了使佐佳咨询公司能快速、清楚地了解集团管控现状，请贵公司提供以下资料供参考研究，如表 2-1 所示：

表 2-1　　　某集团管控体系建设咨询项目——资料借阅清单

序号	借阅资料/数据	备注
1	公司战略	
1.1	集团公司介绍资料	

序号	借阅资料/数据	备注
1.2	集团"十三五"战略规划或相关外部机构的战略建议报告	
1.3	集团 2013—2015 年度工作总结、经营计划	
1.4	集团近期经济运行分析的报告	
1.5	公司领导近期关于业务发展的重要讲话	
2	管控模式、权责划分与组织架构	
2.1	公司组织架构图	
2.2	部门职责描述	
2.3	岗位设置及编制	
2.4	岗位说明书	
2.5	集团总部与子公司、大区、事业部的权限划分表	
3	管控流程与制度	
3.1	公司总部各职能部门流程文件（包括业务流程和管理流程）	
3.2	公司总部各职能部门管理制度	
4	绩效考核与薪酬	
4.1	总部、子公司及事业部绩效考核指标、考核表、考核制度资料	
4.2	公司薪酬方面的制度文件	
5	财务数据	
5.1	近五年财务数据（销售收入、利润、门店数量、单店毛利率、单店营业额等）	
6	企业文化	
6.1	公司文化活动或公司内部刊物	

以上资料是我们根据项目经验提出的与本项目直接或间接有关的信息，如您认为其他资料有助于项目前期调研而没有包括在内，可以直接补充进去；如果是暂缺的资料，就请注明暂缺。以上资料仅供研究使用。

非常感谢帮助！

佐佳咨询集团管控项目组

2.3 集团管控诊断报告

完成诊断调查后,就可以进行诊断分析并撰写集团管控的诊断报告了。

案例2-6 中铁贸易集团公司管控诊断报告(片段)

呈送:中铁贸易集团有限公司

中铁贸易集团公司管控诊断报告

(详尽版)

上海佐佳企业管理咨询有限公司

重要说明

本报告是佐佳咨询项目组在内部调研基础上(调研方法包括内部访谈与交流、问卷调查、内部资料调阅等方法),针对中铁贸易集团(对分子公司)管控模式、组织架构、权责划分等现存问题提出的优化与调整建议。

1. 是初步判断,而非最终结论。

2. 是在管理上挑毛病、找不足,而不针对任何部门和个人。

3. 根据协议报告阐述的对象主要涉及中铁贸易集团对分子公司组织管控模式、组织架构及权责划分等内容。

4. 报告中相关原始数据与信息系贵司联合小组或受访者提供。

报告建议均尽可能考虑到中铁贸易集团与分子公司现有状况,不是理论的照搬,也不是一劳永逸的最终结论。

佐佳咨询团队初步完成了第一、第二阶段的工作，第三阶段工作
正在开展

序号	项目推进步骤	第一阶段	第二阶段	第三阶段	方案设计后半年内
1	项目准备、启动与调研	(绿色) →			
2	梳理公司战略，开发集团及业务层面战略地图、平衡计分卡		(绿色) →		
3	母子公司权责划分、集团组织架构与部门职责设计			(黄色) →	
4	方案跟踪实施与辅导				(红色) →

注：1. 项目实施初装期间，佐佳咨询顾问将有4次现场（共计十五天）跟踪时间，每次大约1天。
　　2. 如上所示，绿色箭头表示工作已经完成，黄色箭头表示工作正在开展，红色箭头表示工作尚未开展。
　　　（本书为单色印刷，已在箭头上面标注颜色）。

主要运用资料查阅、一对一访谈、问卷调查、内部研讨等调研
诊断方法把握中铁贸易集团管控与组织架构现状

➢相关资料查阅
- 中铁贸易集团介绍
- 中铁贸易集团各中心部门职责
- 中铁贸易集团人员名册
- ……

- 中铁贸易集团部分管理制度清单
- 中铁贸易集团及机械制造组织架构
- 中铁贸易集团部分年度会议纪要

➢一对一访谈
- 共访谈了约97人次，同时跟相关高层领导进行不定期沟通；
- 访谈对象包括董事长、总经理、副总经理、总监、总部部门经理、分子公司高层等。

➢问卷调查
- 回收有效问卷241份。

➢内部研讨
- 顾问组在访谈调研阶段，开展了多次内部专题研讨，就挖掘素材、发现问题、及调研诊断报告结构等进行了分析讨论。根据客户实际灵活纠偏，以确保项目方向一致性；
- 不定期与中铁贸易集团项目组成员开展互通交流。

中铁贸易集团成立于20世纪60年代，秉承"诚信、务实、创新、共赢"的经营理念，正由"传统的AA物资贸易商"向"现代AA物资综合服务商"转型

服务商转型阶段

由单一AA物资贸易商向综合服务商战略转型，依托"互联网＋"，强化集团公司管控，向"中国AA物资现代物流服务行业领军企业"目标迈进

规模化发展阶段

以上海为总部，业务拓展至全国，辐射覆盖华南、华北、华东、西南、西北、东北各大区域，成立了多家分子公司

公司初创阶段

立足福建，初创期员工十几人，资金几十万元，发展AA物资贸易业务，实现资本原始积累，逐步为全国扩张奠定基础

20世纪90年代初　　　　2005年　　　　2010年

结合自身的优势与劣势，以及面临的机遇与威胁，中铁贸易集团高层明确了未来发展的战略目标，而集团管控则是战略目标顺利实现的关键驱动因素之一

战略目标：2020年主营业务收入5000亿元，销量4000万吨

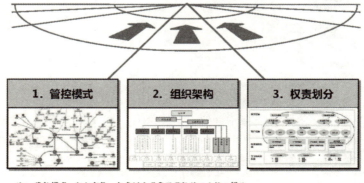

| 1. 管控模式 | 2. 组织架构 | 3. 权责划分 |

注：管控模式、组织架构、权责划分是集团管控的三大核心模块

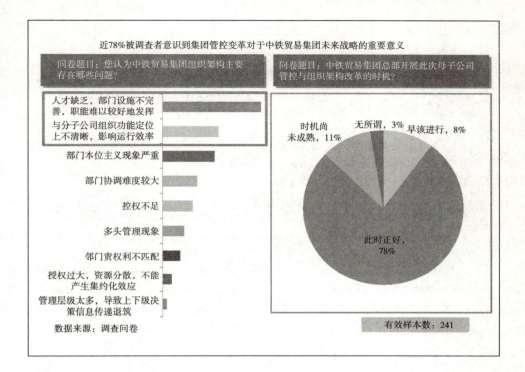

近78%被调查者意识到集团管控变革对于中铁贸易集团未来战略的重要意义

问卷题目：您认为中铁贸易集团组织架构主要存在哪些问题？

问卷题目：中铁贸易集团总部开展此次母子公司管控与组织架构改革的时机？

- 人才缺乏，部门设施不完善，职能难以较好地发挥
- 与分子公司组织功能定位上不清晰，影响运行效率
- 部门本位主义现象严重
- 部门协调难度较大
- 控权不足
- 多头管理现象
- 邻门责权利不匹配
- 授权过大，资源分散，不能产生集约化效应
- 管理层级太多，导致上下级决策信息传递退筑

数据来源：调查问卷

时机尚未成熟，11%　无所谓，3%　早该进行，8%

此时正好，78%

有效样本数：241

"互联网＋"时代下，中铁贸易集团为什么需要及时思考集团管控变革？佐佳咨询认为主要基于四个方面的原因

原因1：由AA物资贸易商向服务商转型的需要

战略转型为物资贸易综合服务供应商，对公司的多业务管控能力提出新要求，如何在组织层面确保物资贸易、加工、配送业务的协同发展，是中铁贸易集团未来管控与组织架构所必须面对的新课题

原因2："互联网＋"时代加强风险管控的需要

互联网＋时代下，加强分子公司的风险管控，是AA物资贸易企业关键成功要素之一，而母子公司管控模式、组织架构、权责划分等都会影响到总部的风险控制能力，进而影响企业是否良性循环发展

思考集团管控变革的原因

原因4：应对激烈市场竞争，实现快速反应的需要

AA物资行业不景气，竞争加剧，供应商与客户地位越来越高，良好的集团管控与组织架构能大力提高中铁贸易集团的市场反应速度，提升供应商与客户满意度

原因3：适应跨地域、多法人集团管控挑战的需要

中铁贸易集团以北京为总部，在各区域成立了数量众多的分子公司，必然面临跨地域、多法人的挑战，因此管控模式、组织架构、权责划分必须思考能够应对这些集团化发展的挑战

061

案例1：浙江某控股集团积极开展集团管控变革，促使集团业务在 2009—2012年的短短三年间获得近五倍增长

> 背景：浙江某控股集团开展集团管控与组织架构变革原因

➢ 典型的中国民营特色企业文化

➢ 公司所处各产业市场化程度高，竞争激烈

➢ 民营企业规模扩大，发展转型对人员素质要求存在很大差异

➢ 原有管控模式严重制约总部实施资本运作战略

浙江某控股集团管控变革的做法	浙江某控股集团管控所取得的经营业绩
➢ 三级组织架构，总部定位于战略投资中心	➢ 2008年年底销售业绩规模30亿元
➢ 针对旗下产业集团采取战略管控模式	➢ 2009年集团管控模式变革，调整流程组织
➢ 划分母公司与子公司的权责	➢ 2012年集团总体业绩规模达到了150多亿元
➢ 梳理母子公司管控的流程制度	➢ 目前拥有浙江某电气、浙江某地产、浙江某AT、浙江某-L公司4家上市公司
➢ 总裁采取"不换脑子换位置"的手段强势推动	➢ 65家控股子公司、员工19000余人
	➢ 总资产270亿元、年销售285亿元

案例2：浙江某民营家电集团管控变革失败，是因为"文化打败了变革"

> 实施情况

2012年邀请专业团队设计管控模式，经历了半年导入面临大量实际问题：

1. 高层未达成共识：公司高层领导在组织变革上没有完全达成共识
2. 功臣文化作祟：部分中高层是跟随老板多年的"功臣"，因变革削弱其权力而产生抵触
3. 新旧组织转换不顺：新组织架构实施没有配套权责划分、流程制度、人力资源匹配
4. 老板没有坚定信念：老板存在"平衡"思想，缺少将变革进行到底的决心
......

> 最终结局

老板在集团管控方案研讨会议上决定停止新模式的尝试

> 教训汲取

1. 老板必须促进高层统一思想，身先士卒推动集团管控变革并给予资源支持
2. 对于功臣思想、利益触动要有充分的心理预计，做好事先应对准备工作
3. 集团管控变革不仅仅是部门调整，更要关注权责、流程制度、人力资源的配套
4. 要积极预防中高层"漠视变革、拒绝变革"，预防不良文化阻碍组织变革

成败的两个案例给中铁贸易集团的启示

1. 高层倡导是动力 集团管控变革不仅是体系，更是企业文化变革，最高领导的决心、倡导与关键环节参与，是实施的动力源泉；

2. 中层观念是焦点 总部中层、分子公司高层能否改变观念，阻止思维惯性，使自身管理风格尽快适应新管理模式至关重要；

3. 体系联动是重心 后期的管控流程制度优化、人力资源管理体系必须能配套管控模式、组织架构、权责划分；

4. 战略思维是起点 中铁贸易集团是处于成长期的民营企业，应当根据自身不同发展阶段的战略意图，适时调整集团管控体系；

5. 成功关键是坚持 集团管控能否在实施阶段获得成功，取决于中铁贸易集团的坚持，只有坚持实施，变革才能产生最终效果。

一、集团管控与组织架构总体诊断：目前组织架构是不能完全适应未来向AA物资综合服务商转型的需要

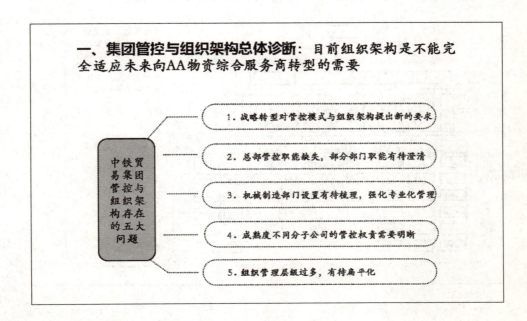

中铁贸易集团管控与组织架构存在的五大问题

1. 战略转型对管控模式与组织架构提出新的要求

2. 总部管控职能缺失，部分部门职能有待澄清

3. 机械制造部门设置有待梳理，强化专业化管理

4. 成熟度不同分子公司的管控权责需要明晰

5. 组织管理层级过多，有待扁平化

063

1. AA物资综合服务商的战略转型对管控模式与组织架构提出新的要求

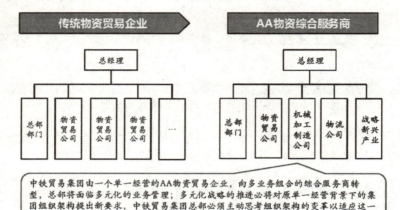

中铁贸易集团由一个单一经营的AA物资贸易企业，向多业务组合的综合服务商转型，总部将面临多元化的业务管理；多元化战略的推进必将对原单一经营背景下的集团组织架构提出要求，中铁贸易集团总部必须主动思考组织架构的变革以适应这一新要求

2. 总部管控职能缺失，部分部门职能有待澄清

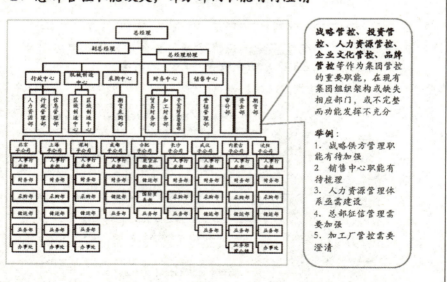

战略管控、投资管控、人力资源管控、企业文化管控、品牌管控等作为集团管控的重要职能，在现有集团组织架构或缺失相应部门，或不完整而功能发挥不充分

举例：
1. 战略供方管理职能有待加强
2. 销售中心职能有待梳理
3. 人力资源管理体系亟需建设
4. 总部征信管理需要加强
5. 加工厂管控需要澄清

3. 机械制造部门设置有待梳理，强化专业化管理

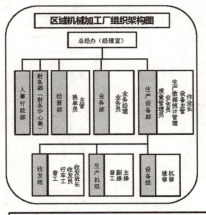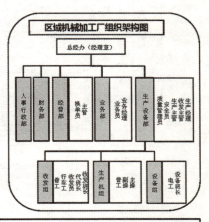

未来机械加工厂将越设越多，如何在总部（或事业部）层面整合资源，推动制造加工共享资源、经验，值得思考，如在各机械加工厂之上成立统一的质量安全、技术、设备、重大客户营销部门

4. 成熟度不同分子公司的管控权责需要明晰

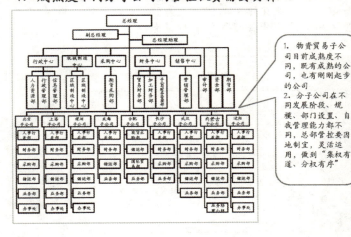

1. 物资贸易子公司目前成熟度不同，既有成熟的公司，也有刚刚起步的公司
2. 分子公司在不同发展阶段、规模、部门设置、自我管理能力都不同，总部管控要因地制宜，灵活运用，做到"集权有道、分权有序"

065

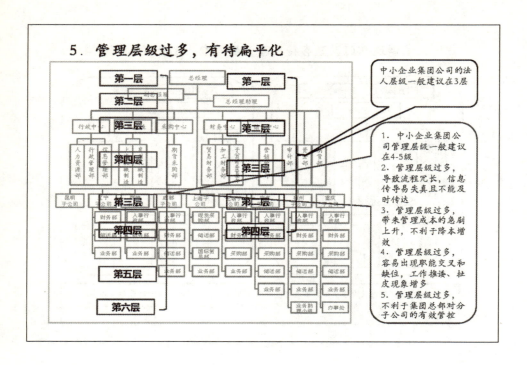

二、集团管控与组织架构职能诊断：佐佳咨询从战略投资、财务与审计、企业文化与品牌、人力资源、信息化、物资贸易运营、加工运营七个模块进行诊断分析

支持职能	1.战略投资　2.财务与审计	边
	3.企业文化与品牌	际
	4.人力资源　5.信息化	利
基础职能	6.物资贸易运营 （供应、销售、风控等）	7.加工运营 （供应、机械制造、销售与服务等）	润

1. 战略投资：95%的被调查者不知道、不清楚公司战略（或者认为战略只是远景）；仅2.7%的被调查者认为公司战略目标应该更高

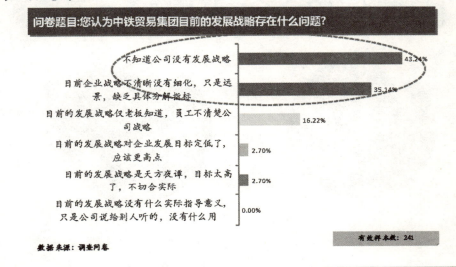

问卷题目:您认为中铁贸易集团目前的发展战略存在什么问题?

选项	百分比
不知道公司没有发展战略	43.24%
目前企业战略不清晰没有细化，只是远景，缺乏具体分解指标	35.14%
目前的发展战略仅老板知道，员工不清楚公司战略	16.22%
目前的发展战略对企业发展目标定低了，应该更高点	2.70%
目前的发展战略是天方夜谭，目标太高了，不切合实际	2.70%
目前的发展战略没有什么实际指导意义，只是公司说给别人听的，没有什么用	0.00%

数据来源：调查问卷

有效样本数：241

中铁贸易集团战略投资面临的首要问题是总部战略管理、投资管理等职能缺失

要素	存在问题	佐佳咨询建议	访谈记录
战略规划	• 战略规划采取非自觉的规划方式，基本存在企业家大脑当中	• 建立并完善战略分析、制定、实施、监督、评估、修订等管理机制	• 我们理解中铁贸易的战略就是两个老板的思路，我们只知道转型，但具体内容不清楚
部门设置	• 总部没有战略管理部门，战略管理采取隐式的方式推进	• 逐步建立总部战略管理职能，明确战略职能管理部门	——
投资决策	• 总部投资决策职能缺失，依赖企业家的个人魅力	• 逐步建立总部投资决策支持的职能，规范投资决策流程、标准等	• 投资决策主要还是看我们的两个老板，他们两个人拍板就可以了

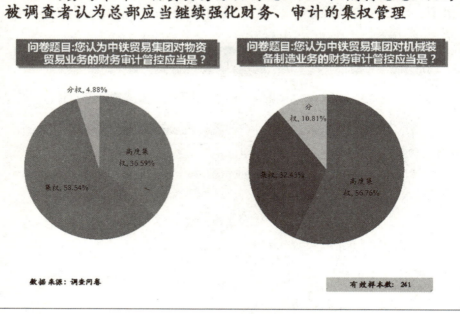

2．财务与审计：物资贸易分公司近59%、机械制造近57%的被调查者认为总部应当继续强化财务、审计的集权管理

问卷题目:您认为中铁贸易集团对物资贸易业务的财务审计管控应当是？

问卷题目:您认为中铁贸易集团对机械装备制造业务的财务审计管控应当是？

分权, 4.88%
高度集权, 36.59%
集权, 58.54%

分权, 10.81%
集权, 32.43%
高度集权, 56.76%

数据来源：调查问卷

有效样本数：241

中铁贸易集团财务与审计管理存在问题主要是：财务预算、费用审核、管理审计职能需要进一步加强

要素	存在问题	佐佳咨询建议	访谈记录
财务预算	未建立财务预算机制，资金计划的编制与管理不强	开展预算管理，加强资金计划的编制、审批、执行与监督	我们是贸易型公司，对资金使用无法预算，只是每年对税务，有一定的预算
费用审核	在费用审核环节，财务部对于款项支付审核的参与度不足	超出一定限额的费用支出，集团财务部应有审核权力	对分子公司是按利润考核的，费用一般他们自己控制，总部没有太强的要求，以后可能会有费用控制要求
审计管理	审计力量薄弱	加强审计职能，不光财务审计，更要注重管理审计	审计部人员很少，很多应该做的事都做不了

3．企业文化与品牌：92%的被调查者认为中铁贸易集团对企业文化管理应当采用集权管理模式

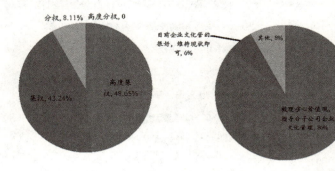

問卷題目:您认为中铁贸易集团对企业文化管控应当是？

問卷題目:您认为目前中铁贸易集团企业文化首要之责是？

分权,8.11% 高度分权,0

高度集权,48.65%

集权,43.24%

目前企业文化管的很好，维持现状即可,6%

其他,8%

梳理核心价值观，指导分子公司企业文化管理,86%

数据来源：调查问卷

有效样本数：241

中铁贸易集团总部需要加强企业文化建设，变自发管理为自觉管理，梳理、完善企业文化管理体系

要素	存在问题	佐佳咨询建议	访谈记录
文化建设	公共关系子公司自行实施，分子公司各自为政，不能形成合力	加强企业文化梳理，梳理企业文化相关制度，指导分子公司开展企业文化活动	公共关系各子公司自己操作，总部不过问，企业文化建设有，但没有系统地做过
文化宣贯	企业文化工作开展没有深入全集团范围	总部职能部门编制文化宣传计划，分子公司参与	总部今年着手在做，目前还没有推行开，人手不够，工作太忙
品牌管理	注重企业标识和品牌，但没有贯彻下去	品牌管理宜集权管理，由集团总部统一管控，打造总部牵头、分子公司参与、制度健全、流程规范、职责明确、人人参与的品牌管控体系	品牌是我们的优势，有部分子公司做了广告，其他子公司都没有做过，没有在全集团开展

4．人力资源：调查问卷统计显示，中铁贸易集团人力资源管理目前亟须改进的是完善招聘管理体系、优化薪酬激励机制、提升中层管理人员的能力素质等

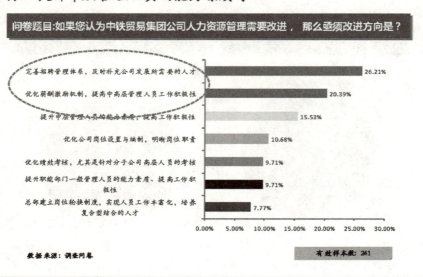

数据来源：调查问卷　　　　　　　　　　　　　　　　有效样本数：241

中铁贸易集团人力资源管控力度需要加强，亟须建立统一的集团人力资源管控体系，加强总部对分子公司的人力资源管理

要素	存在问题	佐佳咨询建议	访谈记录
人力资源规划	• 缺乏人力资源总体规划，无法满足集团未来发展对人的需要	• 加强集团人力资源规划编制、执行、评估等基础工作	• 我们人力资源管理基础比较薄弱，没有做过集团人力资源规划
人力资源制度	• 缺乏统一、规范的人力资源管理制度	• 总部人力资源部门牵头，编制集团人力资源管理制度并严格执行	• 总部没有统一，我们自己制定
岗位管理	• 三定不完善，分子公司人员编制总部失控	• 根据集团业务发展，并结合实际，开展三定工作 • 分子公司编制总部控制	• 缺人，我们自己会招，总部以前不管的，以后可能会管
薪酬管理	• 薪酬与价值对应关系失衡	• 开展岗位价值评估，优化薪酬管理体系	• 有些业务员搞定一个大客户，收入比总部高层还高，另外历史遗留的薪酬分配问题很严重，降低员工工作积极性

5. 信息化：调查问卷统计显示，绝大多数被调查者认为中铁贸易集团对物资贸易与加工信息化应该采用集权管理

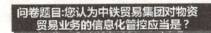

问卷题目:您认为中铁贸易集团对物资贸易业务的信息化管控应当是？

问卷题目:您认为中铁贸易集团对机械装备制造业务的信息化管控应当是？

分权,4.88% 高度分权,0

高度集权,29.27%

集权,65.85%

高度分权,0

分权,16.67%

高度集权,33.33%

集权,50.00%

数据来源：调查问卷

有效样本数：241

中铁贸易集团信息化建设，存在不统一、不兼容、不共享等不足，需要集团总部充分发挥信息化建设中的引领带动作用

要素	存在问题	佐佳咨询建议	访谈记录
信息系统建设	• 信息系统不统一，信息无法共享	• 总部统一推进信息系统建设，打造集团内部信息绿色通道	• 以前信息化各功能模块不统一，现在正上新系统
企业邮箱	• 企业邮箱利用率低	• 建立邮箱使用规范，并检查执行落实情况	• 使用率不是很高
财务系统	• 分子公司、集团总部间不兼容	• 总部牵头，分子公司提个性化需求，统一采购财务系统	• 以前子公司自行安装采购，现在正准备统一
加工仓储系统	• 加工仓储系统不兼容，无法实现共享	• 总部协调加工厂，实现系统对接，以实现供应商等资源的共享	• 两个加工厂是单独上的，但是供应商一样

6．物资贸易运营：70%被调查者认为对物资贸易市场营销应采取分权管理；而对期货采购倾向于集权，现货采购则分权

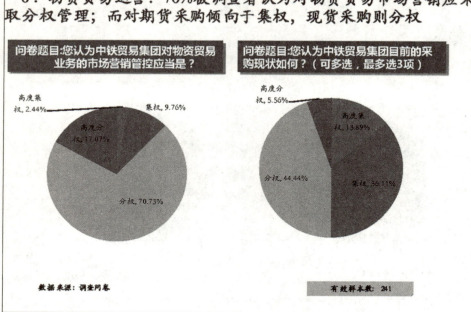

要素	存在问题	佐佳咨询建议	访谈记录
客户资源	• 总部营销中心没有对各分子公司客户资源进行必要集中管理	• 总部营销部门需要统一管理分子公司客户档案，主动开展客户关系管理的活动	• 客户资源各分公司自己管理
市场分析	• 没有履行对行业趋势、竞争对手、市场环境等进行分析职能	• 加强对市场信息的收集，强化行业趋势、竞争对手、市场环境分析	• 我们在这行都干了很多年了，对于市场信息有自己的渠道，设不设专职，意义不大
征信管理	• 仅提供法律支持，但需加强合同、征信管控	• 总部加强客户征信、重大合同等事前审核工作，进行风险的事前控制	• 一般是事后管理，我们希望能在事前对风险进行管控，但是难度比较大
营销支持	• 市场营销部门对分子公司营销工作的指导有待加强	• 统一组织分子公司开展重大市场推广活动	• 各分子公司直接向分管领导汇报，我们随时联系，有专门的培训人员，对员工专业知识进行培训

总部需要加强物资贸易业务的战略客户资源的统一管理，分子公司市场营销资讯支持，加强总部的征信管理

总部加强战略供应商管理流程、机制与标准建设，并提高分子公司建设参与度，同时坚持期货采购的控制

要素	存在问题	佐佳咨询建议	访谈记录
采购管理	• 采购中心目前履行期货采购、资源协调等工作，与采购中心原来的定位出现偏差，随着权限下发，中心职能在萎缩	• 总部加强战略供方的管理流程、机制和标准 • 对于期货采购建议仍旧由总部控制	• 采购中心只是期货采购，负责联系、统计战略供应商管理职能比较单一
制度建设	• 供应商等相关管理制度建设中分子公司参与度不足	• 在制定相关制度时，给予分子公司更多的参与度	• 供应商与采购管理制度都是由集团公司拟定下发

7．加工运营：50%以上被调查者一致认为公司对机械制造业务的运营和仓储物流管控方式上，应当采用分权管理

问卷题目:您认为机械制造生产运营管控应当是？

集权,13.89%
高度分权,33.33%
分权,52.78%

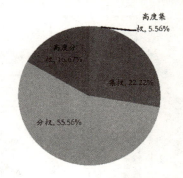

问卷题目:您认为中铁贸易集团对机械制造业务的市场营销管控应当是？

高度集权,5.56%
高度分权,16.67%
集权,22.22%
分权,55.56%

数据来源：调查问卷

有效样本数：241

073

中铁贸易集团机械装备制造主要有生产不均衡、安全管理不到位、质量管理不完善、协同度不强等

要素	存在问题	佐佳咨询建议	访谈记录
均衡生产	• 生产不均衡，忙和闲的现象同时存在	• 建议上海加工厂生产线调整，增加冷轧设备，适当减少热轧设备	• 生产线出现忙闲不均现象，冷轧业务量充足、热轧开工不足
安全管理	• 安全问题频发 • 安全体系没有严格执行	• 加强人员培训，提高员工安全意识及技能水平	• 人员流失，新员工多，没有安全意识培训、员工跨组调动等
质量管理	• 人员、设备等无法满足质量要求，质量管理职能缺位	• 优化质量管理体系，加强人员质量培训，提高员工质量意识及技能水平	• 人员流动频繁技能不熟练、责任心不够；机械设备使用时间长，精度影响大
机械制造协同	• 总部职能缺位，机械制造间协同不足	• 总部在机械制造成立相应部门加强在工艺技术、设备管理、质量安全、操作规程等共性职能的协同管理；考虑设立针对高端客户的营销	• 总部机械制造没管理人员，只有王总一个人直接管2个工厂，工厂之间缺乏交流

综上所述，佐佳咨询对中铁贸易集团总部各管控职能进行综合评价

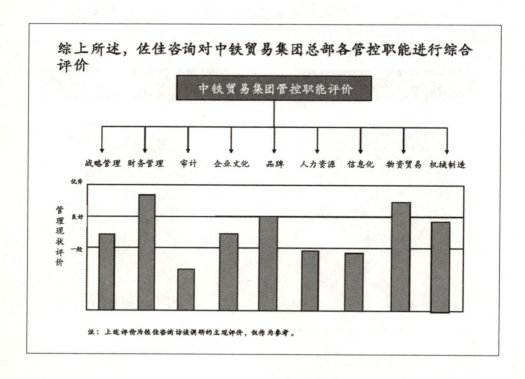

注：上述评价为佐佳咨询访谈调研的主观评价，仅作为参考。

3

总模型之集团战略规划

　　"互联网＋"时代的集团战略规划在传承中发展，与单体公司的战略更是存在巨大差异。"互联网＋"时代的集团战略规划，首要的是具备战略思维能力，除关注传统意义上的多产业组合、跨地域运作等因素，更关注"互联网"及"互联网＋"模式对集团战略规划的影响。"互联网＋"时代，传统意义上的集团战略规划并不是完全摒弃，而是在继承中发展创新，不断融入新的、积极的"互联网＋"元素。

　　"互联网＋"时代的集团战略，涉及跨产业的能力培育、规模化的复杂资源配置，以及大量跨地域的国际化经营等，其核心是通过多产业组合的设计以追求协同效应，进而实现集团战略利益的最大化。而单体公司的战略往往是在单一的产业中追求竞争的差异化与其在单一产业中的竞争能力培育，无论在涉足的产业，还是规模、地域的复杂程度上，都无法与集团公司相比。因此我们无法用单体公司战略规划的思路来规划集团的战略，如果将单体公司战略运作思路与方法简单移植到集团公司上，会给企业集团发展带来灾难性的后果。

"互联网＋"时代，集团战略是集团管控的基础与依据，战略犹如航海中的罗盘，决定了集团管控体系设计与运行的终极目标。但是在现实中我们经常遗憾地发现：很多中国企业的集团战略规划沦落为长篇累牍的、最终被锁在文件柜里的"一纸空文"，集团战略规划文件由于晦涩难懂、长篇大论而被束之高阁。描述战略、衡量战略、管理战略根本无从谈起，集团的战略执行成为无本之木，战略中心型组织成为无源之水。中国企业集团急需一个简单、有效的工具以实现对集团战略的描述与规划。

战略地图与平衡计分卡的出现，使得集团战略规划的简单、集成和有效成为现实可能，战略地图为我们提供了一个简单、有效的描述战略的平台，可以引导集团、业务单元及职能管理人员主动、自觉地描述、监督、评估、修正集团的战略体系，构建真正的战略中心型组织。

3.1 "互联网＋" 时代的集团战略规划

"互联网＋"时代的集团战略规划，首先要求集团企业通过内部分析，识别集团具备的能力和存在的不足，明白"我能做什么"；其次是真正以客户价值体验、客户诉求为出发点和落脚点，而不是闭门造车般专注研发和生产。既有事实是以市场为导向，往往是口号喊得响亮，但真正做到的屈指可数。"互联网＋"时代，信息的公开、透明和迅捷传播，客户能随时、随地、随心的借助互联网工具对产品做比较，包括价格、品质，甚至口碑、用户体验等都将对客户的最终选择产生影响。

在制定集团战略规划时，务必以此为出发点，充分考虑"互联网+"时代的特征，制定出可执行、可操作的集团战略规划，才能最大程度地促进集团的持续发展。

案例 3-1　华为的战略坚守①

华为在深圳举办全球分析师大会，对一年来的业绩进行总结，并对未来业务进行规划。华为表示，未来是一个万物互联的世界，华为将继续聚焦管道战略，为大数据流量提供管道支撑。

一、强调"万物互联"愿景

"A Better Connected World"（一个联系更加紧密的世界）是华为今年全球分析师大会的主题。不管是轮值 CEO（首席执行官）徐直军，还是战略 Marketing（市场）总裁徐文伟，都不止一次在大会上提到了万物互联。

万物互联的概念由来已久，今后所有能够受益于连接的人和物都会被连接，包括物联网、车联网等无处不在的连接。万物互联的网络社会将为人类提供无穷的想象空间和创新机会，互联网、移动互联网逐渐渗透到日常生活的各个领域，越来越多的产业、设备"入网""联网"，手机、汽车、智能可穿戴设备、机器人、智能家居甚至是我们所用的牙刷，都会和人类的活动建立连接，未来的工作生活越来越离不开连接。连接正在变成世界的常态，连接将产生新的商业机遇，金融、医疗、汽车等行业都已经开始有新的畅想。

这样的连接，在身边已经真实发生着。例如，日前正式在国内交付用户的特斯拉，就跟联通进行了合作，后者为特斯拉提供 3G 网络的连接。华为运营商 BG（业务组）总裁邹志磊在接受凤凰科技采访时如此评价：以前总以为静止的时候才需要联网，行进中就不需要，但是现在看来，网络连接是无时无刻的。

华为预计到 2025 年，全球将有 80 亿智能手机用户并将有 1000 亿终端通过网络相互连接。"未来的十年，将是 ICT（信息通讯技术）深度融入人们生活和各行各业的十年。在 ICT 融合的趋势下，信息社会的数字化重构给 ICT 行业带来重大发展机遇，数字世界与物理世界会融合，一个大数据流量时代汹涌而来：更宽广的太平洋管道，更实时的大数据平台，更庞大的物联数量。"

①　资料来源:凤凰科技,作者:韩迪。

二、坚守管道战略

面对即将到来的大数据流量时代，华为选择定位管道，将管道作为核心战略。数据流量（音频、视频、大数据、云计算）是水，华为做的是运水的管道。信息流流过的地方就是聚焦的方向，管道是华为的核心战略，是华为的航道，华为所有的业务都沿着管道战略展开，利出一孔。具体看来，在运营商 BG 业务层面，华为将从卖硬件变成打造移动互联网平台，整合资源为运营商提供服务。微信等 OTT（通过互联网向用户提供各种应用服务）应用对传统运营商的语音、短信等业务造成极大冲击，作为运营商长期的合作伙伴，华为将从卖硬件变成打造移动互联网平台、云服务平台，通过整合全球的内容、应用、开发资源，与运营商一起，基于该平台为用户提供服务。我们要帮助运营商打造面向消费者和家庭的网络。

在企业业务方面，华为聚焦被集成。作为产品提供商，华为将打造差异化的产品，跟合作伙伴一起完成销售服务。

这样的策略为华为带来了丰厚的效益。

跟踪电信设备行业多年的独立分析师认为，华为的管道定位凸显其在运营商市场的位置，"管道能够协助运营商建立无论是移动互联网还是宽带互联网的一个网络，这是华为经营的重点，所以华为会在各个场合强调其管道作用。这个管道是不能丢的，华为要守住自己的经营重点"。

三、消费者 BG 的路该怎么走？

华为消费者 BG 的策略格外受到关注。这是因为几天前，任正非与消费者 BG 的一篇讲话：任正非认为，华为终端不要盲目对标三星、小米，要以利润为中心，严格控制库存风险。这被外界认为是对消费者 BG 战略的一次调整。

但是华为内部认为消费者 BG 在战略上没有大的调整，任总这次讲话只是进一步强调，终端要走自己的路，应面向未来。他担心整个消费者 BG 可能走向浮躁。提前降降温，清醒地意识到他们是谁，他们应该走向哪里。

任正非在讲话中提到，消费者 BG 应该坚持走自己的路，"别让互联网引起你们发烧"，这里的发烧指的就是小米所引发的互联网模式。不让互联网引起发烧的消费者 BG 如何走？华为认为："华为做运营商起家，常年跟运营商在一起，一不小心就有了运营商思维。因此消费者业务要以消费者为核心，把消费者业务打造成为消费者喜爱的平台，面向消费者，才有可能成功。"

具体操作层面，华为要抓紧 LTE（长期演进）带来的机遇，投资核心芯片，强调用户体验，设计、软件、云服务；品牌运营上，终端不做大规模的宣传，要通过口碑进行传播，核心是质量、体验、服务。在产品的发展路径上，徐直军更是表示，未来终端产品的发展路径会聚焦在能够产生、消费流量的终端，不做跟流量无关的终端。

对于这种策略，有人认为华为消费者业务是想借此和竞争对手划一个比较清晰的界限。最近，小米、中兴、联想都有比较大的营销动作。华为想通过这些比较差异化的定位，跟其他手机娱乐化、消费电子化的风格形成一定区别。

3.2 "互联网+"时代下集团与单体公司战略的五大差异

在阐述集团战略规划之前，我们首先来看一看"互联网+"时代集团公司的战略与单体公司的战略之间的差异。我们将集团战略与单体公司战略管控的差异性总结如下：

1. 多元化产业的战略规划

无论是全产业链的战略发展，还是多产业的非相关多元化发展，甚至是"互联网+"时代"产业生态圈"，绝大部分的大型企业集团可能面临多个领域的业务进入。因此，一般来说，企业集团的战略绝大部分都面临着或多或少的多元化管控的问题，这样就给集团战略的规划与管控带来更大的不确定性，集团战略管理要求集团公司必须具备跨产业的管理能力，支持这种多产业的超宽跨度的战略管控。

2. 多层次组织架构战略管控

单体公司只需要考虑自身发展战略规划即可，而"互联网+"时代的集团战略则需要站在集团层面，发挥集团公司"母合效应"优势，统筹各分子公司的战略规划；在多层次的集团组织架构下，甚至涉及跨组织层级的战略规划与管控，如集团层面考虑集团战略目标、产业组合与产融结合，还会考虑集团资本运营、人力资源、财务等职能战略；而集团的下属子集团层面也必须考虑子集团战略目标、产品与市场组合、客户价值主张、竞争策略和子集团的职能战略。

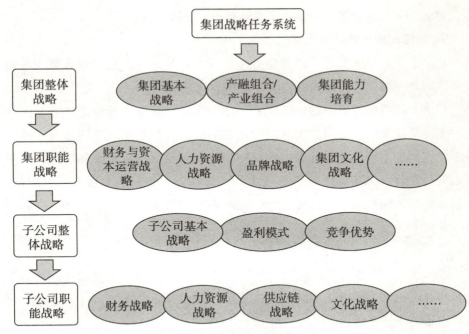

图 3-1　集团战略多层化示意

3. 动态的全产业扫描与机会识别

集团公司往往强调通过产业投资或者产融结合来实现集团超限度的战略增长，所以与单体公司不同的是，集团战略不能仅仅将自己的目光聚焦在某一个产业内，战略管理部门不能按照单体公司战略管理的思路去设计集团战略的管控运作，不能仅仅关注针对某一产业的战略运营计划的控制。更为重要的是集团战略管理部门必须实时进行产业机会的扫描，擅长发现或把握新的产业机会并将其与金融投资手段进行有效组合，寻求集团新的战略发展机遇。

4. 战略决策主体多元与复杂化

集团公司重要特征之一是集团内部存在多个法人实体，并呈现出多重多层次立体结构。每个子公司都是独立的法人主体，从法律意义上说集团对子公司进行的战略决策必须通过法律架构来实施。尤其子公司是上市公司或合资企业时更易导致战略决策主体的多元化，母公司作为出资人参与不同子公司的战略决策，必须学会与不同类型的合作方打交道，同时在对子公司的战略实施进行监督与控制的同时，也必须学会尊重其他合作方的意见。这种决策主体的多元与复杂化远远要高于单体公司。

5. 集团战略协同要求更高

集团公司与单体公司在战略管控上的巨大差异之一，还体现在集团公司内部同时存在着单体公司内部根本不存在的两类战略协同：一类是集团与子、孙公司之间战略协同的问题，迈克尔·古尔德将其称为"母合优势的发挥"；另一类是集团子、孙公司之间战略协同的问题。无论是从理论还是从实践上看来，集团公司要处理好母合与协同问题均属不易，而集团总部价值能否正确与充分发挥，又与集团是否有能力处理好母合与协同关系成正比。因此，集团战略管控面临比单体公司更为复杂的组织协同问题。

案例 3－2　乐视的战略生态圈

基本信息：乐视网信息技术（北京）股份有限公司（简称乐视）成立于2004 年 11 月，经过 10 余年的发展，已经成功在创业板上市，也是首家在创业板上市的专业视频提供商。

乐视战略：乐视成立伊始，就有清晰的战略定位，即长视频和正版视频专业提供商。依托丰富的视频资源，乐视致力于从平台型公司向生态型公司转变，积极打造乐视生态圈。乐视巨大的成功，被业界称为"乐视模式"，在国内多家视频内容提供商中，成为为数不多的实现盈利的公司。

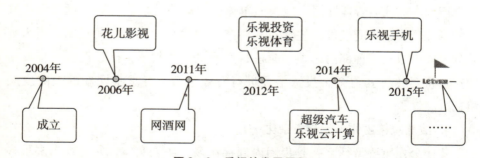

图 3－2　乐视的发展历程

乐视生态：乐视生态圈"垂直整合的乐视生态，平台＋内容＋终端＋应用"。

乐视成立于 2004 年，创始人贾跃亭，乐视致力打造基于视频产业、内容产业和智能终端的"平台＋内容＋终端＋应用"完整生态系统，被业界称为

"乐视模式"。乐视垂直产业链整合业务涵盖互联网视频、影视制作与发行、智能终端、大屏应用市场、电子商务、互联网智能电动汽车等；旗下公司包括乐视网、乐视致新、乐视影业、网酒网、乐视控股、乐视投资管理、乐视移动智能等；2014 年乐视全生态业务总收入接近 100 亿元。2014 年 12 月，贾跃亭宣布乐视"SEE 计划"，即是打造超级汽车以及汽车互联网电动生态系统。2015 年 4 月 14 日在北京举行乐视超级手机发布会，以生态模式进军手机行业。

"互联网 +"时代的乐视，已然不是"摸石头过河式"的发展，而是早早将未来蓝图勾勒清楚，在动态过程中不断完善、丰富。"长视频 + 正版视频""自制影视内容""版权分销""超级电视 + 手机 + 路由器 + 网络盒子 + ⋯⋯"，无一不是乐视通过精心的策划、准备而构筑的战略蓝图，"视频化、社交化、移动化、电商化"是乐视继续拓展其产品触角的基石。

3.3 "互联网 +"时代集团多层级战略规划架构

在阐述如何运用战略地图与平衡计分卡描述集团战略之前，我们还需要回顾集团战略规划的基础知识：集团层级战略知识。它是现代 MBA 课程中战略管理的基础知识，能更进一步地帮助我们区分集团与单体公司战略的差异性。

集团公司战略往往被分为以下三个层级。

3.3.1 第一层级集团层面战略

第一层级就是集团层面的战略（通常称为公司战略）。集团层面战略是集团公司总部所必须关注的战略重点，该层面主要解决的问题是未来集团应该做什么样的业务，如何处理业务关系并创造母合效应，如何培育集团的核心能力等。用句通俗的话解释，集团战略主要解决的问题是："如何有所为，而有所不为。"从战略管理的侧重点来看，集团战略主要需要明晰三个方面的内容：

1. 集团战略任务系统确定

集团战略任务系统是指集团使命、价值观与愿景，即：

- 集团使命：集团存在的意义是什么，在何种大的业务范围里发展？
- 集团价值观：各业务单位应当遵循的集团整体的核心价值理念是什么？
- 集团愿景：在业务领域内，集团未来要成为什么样子？

2. 确定集团主要业务的战略目标

在战略规划时期内，集团各主要业务的战略目标是什么？这些战略目标可以包括财务类的目标，也可以包括非财务类的目标。

3. 集团业务组合与发展规划

集团的业务组合与发展规划主要涉及：集团内部各个业务是发展、维持、逐步收缩还是放弃？如何实现产融结合超限度发展？各业务发展时间与方式及处理调整的深度与速度如何安排？现在的资源如何合理地配置？今后集团业务选择的原则与投资的原则是什么？如何处理各业务单元之间的关系，创造战略协同效应？

3.3.2 第二层级业务层面战略

业务层面战略是在集团战略的指导之下做出的，它主要是对集团的各个业务进行具体的规划，可以说它是在集团战略基础上对各个业务进行细化。业务战略往往又被部分战略专家理解为经营战略或竞争战略。一个单体公司通常没有集团层面的战略，业务层面的战略往往就是其公司战略。业务层面的战略主要需要明晰三个方面的内容：

1. 各业务单位的战略任务系统

不是所有的业务单元都要有独立的战略任务系统，但是细化、描述各业务单位任务系统的着眼点实际上就是根据各业务的特点，确定各自的使命、价值观与愿景，它们必须能贯彻落实集团的使命、价值观与愿景，不能与其相违背。

2. 各业务单位总体目标与发展阶段划分

各个业务单位的总体目标实际上是对前面的集团主要业务战略目标的细化与分解，它的特点是更加细化、具体，要求能落实到各个发展阶段的子目标。

3. 业务战略关键举措、计划与预算

该部分是指界定各业务单元核心能力，以及关键战略措施、计划与预算，它主要目的是解决如何利用好集团配置给自己的资源，培育起自身什么样的核心能力，以获取在该业务范围内的竞争优势。

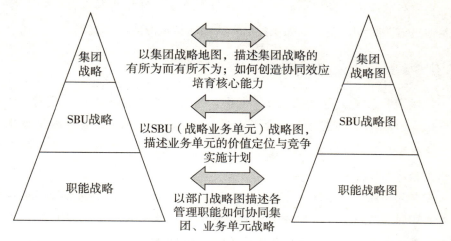

图 3-3　战略层级与战略地图

3.3.3　第三层级职能层面战略

职能战略主要关注如何落实集团与业务战略，换句话说就是如何在各职能的具体操作、实施上述两个层面的战略，落实战略意图。职能战略更注重企业内部主要职能短期战略计划、预算。该层面战略使职能部门人员能清楚地认识到本部门在实施集团和业务单元战略中的责任与要求，它更强调"如何将一件事情做正确"。所以从本质上来说，更为详细、具体和具有可操作性，它一般是由更详细的方案与行动计划组成，涉及集团资本运营、财务、生产、销售、研发、采购、人事等各个职能。职能战略规划主要侧重于三个方面的内容：

1. 各职能支持集团业务发展的总体原则

各职能支持集团业务发展的总体原则是什么？这里主要考虑从集团到各业务单位职能支持业务发展的原则是什么。它将为集团职能部门与各业务单位职能部门的工作开展提供指导思想，例如，资本运营如何支持集团产业投资组合。

2. 职能发展目标与主要阶段

职能发展目标与主要阶段也可以站在集团与各业务单位两个层面进行规

划，如人力资源战略目标可分为集团与业务单位两个构面展开等。

3. 职能战略关键举措、计划与预算

界定各职能在不同发展阶段的关键行动措施、计划与预算，它的主要目的是通过这些行动，提高职能发挥水平，以支持资源的使用效率。

案例3－3　GE公司回归制造业

佐佳咨询点评： GE（美国通用电气）公司在其发展的每一个阶段，都有一个卓越的 CEO 引导着这个企业做正确的战略抉择。从 GE 公司事业部制订的组织战略，直至韦尔奇的"三环战略"，这个优秀企业的每一次转身都在演绎着经典的战略传奇。

在今天全球"互联网＋"时代下，GE 公司一直没有停止其对集团战略的思考，2014 年法国阿尔斯通决定将其能源部门出售给 GE，这是 GE 公司发展历史上最大的一次收购；而在此期间，GE 公司又在不断地剥离、出售与装备制造不相关的业务，这一切都在显示 GE 公司要重回装备制造业。

GE 公司回归制造业是根据自身的核心能力评估，并顺应了全球"互联网＋"的大时代背景：美国提出"制造业回归"国家战略，德国提出了"工业 4.0"国家战略，中国提出"两化融合"国家战略，法国提出"法国新工业"国家战略、日本提出"日本科技联盟"国家战略。

延伸阅读（《英才》杂志 2014 年 8 月）

通用电气公司近日宣布了其重组计划，包括回购多达 500 亿美元的股票，在未来两年出售约 300 亿美元的地产资产，并剥离通用金融的更多业务，这意味着公司正在转型为一家"更单纯的"工业企业，而不再是臃肿复杂的金融与制造业的混合体。

通用电气表示，将在未来两年内剥离旗下价值 3630 亿美元通用资本的大部分金融业务，以期更加专注于高端制造业。通用资本的贷款租赁、房地产等业务将被剥离，总价值约为 2000 亿美元，而航空金融服务、能源金融服务和医疗设备金融业务将被保留。其中，旗下的房地产业务将以 265 亿美元的价格出售给黑石和富国银行。通用电气计划保留的金融资产主要与出售飞机发动机、医疗设备、发电和电网设备产品直接相关。

通用电气还表示，将取回目前存放在海外的 360 亿美元现金，并进行 500

亿美元规模的股票回购。公司总裁兼 CEO 伊梅尔特在新闻发布会上表示："这是通用电气战略的重要步骤，公司将专注于打造自己的竞争优势。"2008—2014 年，通用资本的期末净投资从 5380 亿美元降至 3630 亿美元。

根据计划，2018 年通用电气 90% 的盈利将来自高回报的工业业务，大大高于 2014 年的 58%。

2008 年金融危机期间，一度占通用电气盈利半壁江山的通用资本利润下降近三分之一，直接拉低公司当年盈利 15 个百分点。为保住公司的信用评级，防范出现融资问题，通用电气以高昂代价向巴菲特发行了 30 亿美元的优先股。双方约定，优先股年股息 10%；三年以后通用电气有权以溢价 10% 的价格回购这些优先股。通用电气当时就曾表示要缩减金融业务，仅保留对制造业有利的部分。此次剥离的决定正是对这一战略的延续。

汤森路透 StarMine（公司名称）数据显示，目前通用电气 2015 年基于预估获利的市盈率（P/E）为 14.3 倍，低于标准普尔工业指数下四分之三的同业的表现。有分析师称，这些举动将帮助提高其估值。4 月 10 日，通用电气股价暴涨 10.8%，报 28.51 美元，触及 2008 年 9 月以来最高。

通用电气称，通过派发股息，回购 500 亿美元股票，以及完成此前宣布的在今年后期剥离 Synchrony Financial（公司名称）信用卡业务，公司能向投资者最多返还 900 亿美元。

3.4 "互联网+" 时代集团多层级的战略地图与平衡计分卡

尽管至今为止没有相关集团战略管理的专著对"战略图与战略层级的关系"进行过明确阐述，但我们认为在集团公司战略的任何一个层级上都可以运用战略地图为工具，对其进行定义和描述，其对应关系如表 3-1 所示：

表 3-1　　　　　　集团战略层级与战略地图对应关系

序号	战略层级	战略地图对应描述战略系列文件
1	集团战略	1. 集团战略地图 2. 集团平衡计分卡 3. 战略行动计划表

序号	战略层级	战略地图对应描述战略系列文件
2	业务战略	1. 业务单元战略地图 2. 业务单元平衡计分卡 3. 战略行动计划表
3	职能战略	1. 职能部门战略地图 2. 职能部门平衡计分卡 3. 战略行动计划表

　　首先，在第一层级中，集团战略地图的描绘过程与集团战略规划的操作步骤相一致，集团层面战略地图绘制涉及三个成果文件：集团战略地图、集团平衡计分卡、战略行动计划表，反映集团战略实施的目标与最终成就。

　　其次，在第二层级中，业务单元战略地图的绘制过程与业务单元战略规划的操作步骤相一致，业务单元层面战略地图绘制涉及的三个成果文件：业务单元战略地图、业务单元平衡计分卡、战略行动计划表，反映了业务单元战略实施的目标与最终成就。

　　最后，在第三层级中，各个职能战略地图与各职能战略规划的操作相一致，职能战略地图绘制涉及三个成果文件：职能部门战略地图、职能部门平衡计分卡、战略行动计划表，反映了职能战略实施的目标与最终成就。

　　集团战略的各层级都是相互支持的，我们经常可以见到很多卓越的集团战略由于缺乏正确的竞争与职能战略的支持，而最终导致整体战略实践的失败。

3.5　集团战略地图开发操作步骤

　　经过多年的实践努力，佐佳咨询集团成功将传统战略决策工具与战略地图绘制过程对接。集团战略图绘制一般可以分为三个操作步骤。在此我们将与您一道分享操作的技巧与经验：

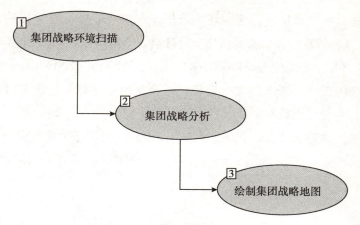

图 3 - 4　集团战略地图绘制三步法

3.5.1　集团战略环境扫描

集团战略环境扫描是绘制集团战略地图的第一步，因为无论运用何种方法来分析或描述战略，都需要将其建立在战略环境扫描基础上。与单体公司战略环境扫描不同的是集团战略环境扫描不仅仅关注某单一的产业环境，它更加关注集团已经涉足及意欲涉足的产业环境。佐佳咨询集团在大量集团战略规划咨询中，总结出集团战略环境扫描的简化三步法：

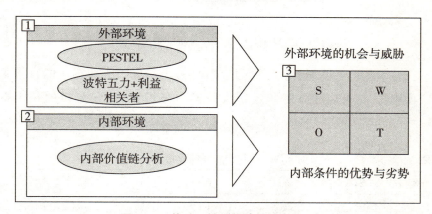

图 3 - 5　战略环境扫描的简化三步法

第一步　集团外部环境扫描

（1）运用 PESTEL 进行宏观环境扫描。PESTEL 对于大多数学习工商管理的人来说并不陌生，在 MBA 课程中宏观环境又被称为一般环境，进行战略分析一般首先要做的就是进行宏观环境分析。宏观环境分析最常规的分析方法就是 PEST（P 指政治、E 指经济、S 指社会、T 指科技）和在此基础上发展的 PESTEL（E 指环保生态、L 指法律）。进行 PEST 或 PESTEL 分析就是要分析上述环境的现状及未来的发展走势，对企业所在的行业、企业自身会产生什么样的有利与不利影响。

值得关注的是在"互联网＋"时代，PESTEL 分析必须把互联网及其对经济、社会、产业等的影响，以及进一步发展的趋势作为重点分析对象。

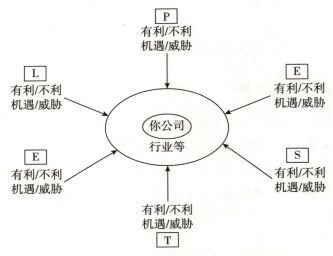

图 3-6　PESTEL 分析的重点

表 3-2 有利于识别宏观环境因素中与集团及集团所在行业的直接关联因素的识别，它可以是下一步进行波特五力分析、SWOT 分析的一个重要依据。

表 3-2　　　　　　　　　　PESTEL 宏观环境分析表

维度	宏观环境要素陈述	对行业影响	对本企业影响
P	国家稳定中求发展政策	有利因素/不利因素	机遇/威胁
	……	有利因素/不利因素	机遇/威胁
E	……	有利因素/不利因素	机遇/威胁
	……	有利因素/不利因素	机遇/威胁

维度	宏观环境要素陈述	对行业影响	对本企业影响
S	……	有利因素/不利因素	机遇/威胁
	……	有利因素/不利因素	机遇/威胁
T	……	有利因素/不利因素	机遇/威胁
	……	有利因素/不利因素	机遇/威胁
E	……	有利因素/不利因素	机遇/威胁
	……	有利因素/不利因素	机遇/威胁
L	……	有利因素/不利因素	机遇/威胁
	……	有利因素/不利因素	机遇/威胁

（2）运用"波特五力 + 利益相关者模型"开展行业环境扫描。与单体公司行业环境扫描的差异是：集团公司如果涉及多行业则需要进行多个产业环境的扫描；如果集团的产业是相互支持的产业链条关系，环境分析则更加关注大战略环境对产业链条的影响，进而在此基础上开展产业组合的新决策。

集团战略行业环境分析要求战略分析人员应当重点把握：集团战略相关行业（现实涉足行业与机会型行业）的基本特征分析、行业未来发展趋势、行业价值链分析关系、其他特殊利益群体对行业影响。行业环境分析可以运用"产业链分析""波特五力 + 利益相关者分析"等工具进行行业环境扫描的简化操作。

"波特五力分析模型"被广泛运用于行业进入取舍的决策，同时也可以运用于集团与单体公司的战略环境扫描。在管理咨询的实战中有人提出对"波特五力分析模型"进行改进，增加了其他特殊利益群体（即其他战略利益攸关者）的分析维度，例如汽油行业的变化会影响汽车行业的需求与竞争格局等。

在运用"波特五力 + 利益相关者模型"对行业环境进行详尽的数据扫描后，可以填写下面这张波特五力 + 利益相关者模型的行业分析速写表，简明扼要地陈述行业竞争力量的关键点，把握判断外部行业环境所面临的机遇和威胁。应当注意的是 PESTEL 分析表是进行模型分析，是填写本表的一个重要参考依据。

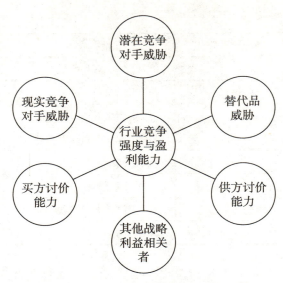

图 3 - 7　波特五力 + 利益相关者分析模型

表 3 - 3　　　　　　　　　　　　　　行业分析速写表

序号	行业竞争力量	现状简述	对本企业影响	
			机遇	威胁
1	买方讨价能力	随着医药分家的深入，买方尤其是零售终端、纯销的讨价能力在增加	零售业务扩张将遇到机遇	对分销业务的利润有一定的影响
2	现实竞争威胁	市场集中度不高，但如"九州通"等低成本扩张形势加剧	—	分销业务第三终端开发难度加大
3	潜在竞争对手	大的国际连锁零售商（如沃尔玛、家乐福等）将进入医药零售领域	—	潜在竞争对手强大的采购能力将给分销业务带来更大的利润压力
4	替代品威胁	保健品市场发展迅速，对医药行业有一定的冲击和影响	公司有机会扩大工业的业务领域	—
5	供方谈判能力	供方控制整个医药行业价值链	—	分销与零售业务的药品引进难度加大

序号	行业竞争力量		现状简述	对本企业影响	
				机遇	威胁
6	其他战略利益相关方	政府	对行业的监管日趋严格，体制改革不断深入	规范行业竞争	体制改革，国家将对医药价格控制力度加大，未来公司利润将受到一定影响
		主管部门	行业法律法规不断完善	法律法规的完善会导致小的流通、医药工业企业退出竞争，行业集中度越来越高	—
		社会公众	要求产品价格下降	—	分销利润越来越薄

第二步 内部环境扫描

尽管内部环境扫描的方法与工具大约有几十种，内部价值链分析仍旧是众多战略分析人员十分钟爱的一个战略分析工具。这个同样由著名战略管理学家迈克尔·波特所开发的内部环境扫描工具得到最为广泛的运用。

运用"波特内部价值链"进行公司内部环境的扫描，主要是把握集团在战略管理、企业文化建设、人力资源管理、品牌管理、计划与财务管理、信息化建设与管理；各产业板块的物流管理、市场管理、研发与采购管理、生产制造管理、销售、售后服务等各个价值链环节上的优势与劣势。这种优势与劣势包括内部资源、能力等多方面的内容（注意不同类型的集团企业的内部价值链是不一样的）。

在运用"波特内部价值链模型"对集团的内部环境进行详尽的扫描后，可以填写集团企业内部优劣势速写表（表3-4），简明扼要地陈述公司内部环境优劣态势的关键点。应当注意的是外部环境分析的结果是填写本表的一个重要参考依据，因为企业优劣势是相对于外部竞争而存在的。

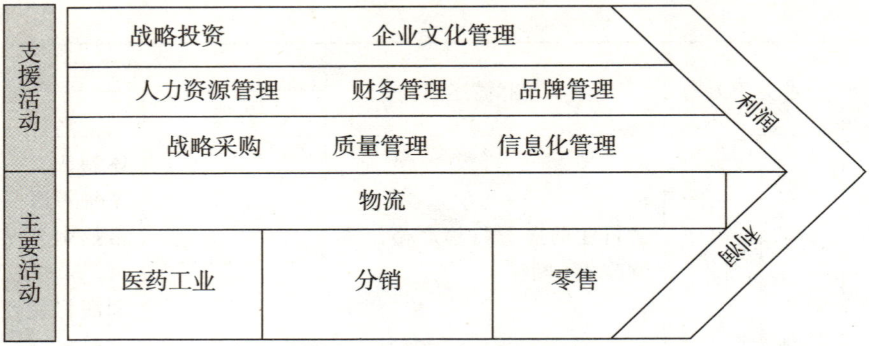

图 3-8　集团层面内部价值链规划示意

表 3-4　　　　　　　　　　　集团企业内部优劣势速写表

内部价值链环节	优势（strength）	劣势（weakness）
战略投资	1. 具有优秀的战略投资人才 2. 资金与品牌信誉保障有利于扩张目标实现	
企业文化		传统文化惰性影响企业未来发展
人力资源管理	……	
财务管理	……	……
品牌管理	……	……
战略采购	……	……
……	……	……

第三步　SWOT 综合分析

完成集团外部与内部环境的扫描后，要做的就是进行 SWOT 综合分析。SWOT 分析工具是一个被普遍采用且比较成熟的战略分析工具，它不仅被运用于集团战略和业务单元战略的分析，还被运用于职能战略的分析。

SWOT 分析操作步骤的文献很多，我们在此将不再赘述。需要特别提醒的是：当完成 SWOT 综合分析这个步骤后，实际上已经有了一部分集团关键战略举措的雏形了（但这些都是没有经过详细论证的举措）。我们在后面的操作可以将 SWOT 分析的结果与战略地图对接，即将 SWOT 分析表的结果直接与内部运营策略分析矩阵表（在本章我们会详细阐述该表）相对接，作为集团战略地图分析时的一个参考依据。

3.5.2   集团战略分析

现在可以运用集团战略地图来引导集团战略分析了，一些传统的集团战略分析工具都可以在该步骤中得到有效运用，也只有这样才能确保战略地图绘制不是与战略分析割裂的"依葫芦画瓢"。虽然集团战略分析的内容并不是固定的、一成不变的，但是一般而言，集团战略地图分析主要关注的内容包括：集团战略任务系统设计、集团战略目标确定、业务组合与协同分析、集团战略核心能力与关键战略举措（战略行动计划、预算）等内容分析，下面我们就上述几个关注点进行探讨。

1. 集团战略任务系统设计

集团战略任务系统设计即设计集团使命、愿景和价值观。为了便于理解，我在这里给出关于使命、价值观与愿景的定义和描述方法，这些是战略管理最为基础的知识。

确定使命是制定集团战略任务系统设计的第一步。所谓使命就是集团区别于其他类型的集团而存在的根本原因或目的，它是集团存在的价值与意义的陈述。在战略任务系统中，使命与愿景之间的区别在于：使命往往是一百年都不会发生变化的，它应当能清楚表明企业的经营范围但又能允许有所创新；而愿景则表明一个企业在战略规划期的十年和二十年期望成为什么样的一个企业，愿景虽然在一定时期内具有严肃性，但是一般经过十年或二十年后却是可更改、可重新设定的。

如果说使命是解决方向的问题，那么核心价值观则是为实现使命而提炼出来并予以倡导的、指导集团全体员工共同行为的永恒的准则。它是一种深藏在员工心中的东西，决定、影响着集团员工的行为，并通过员工日复一日的行为而表现出来。

如果说用使命来定义集团存在的目的，用价值观来表述员工共同行为的永恒准则的话，那么还要用愿景来定义集团在战略规划期内的发展方向，定义集团期望成为什么样的一个企业。愿景是对公司未来 10 年甚至更长时间最终想成为什么样子的描述，对于战略地图绘制来说，这也是比使命、价值观更重要的一个步骤。一个好的愿景首先应当是鼓舞人心和可实现的，它的描述应当简洁并吸引利益相关者，必须与使命、价值观保持一致。

2. 集团战略财务目标确定与业务组合分析

在战略环境扫描基础上初步确定集团的整体财务目标，是集团战略地图分析的重要内容之一。集团战略财务目标的设定涉及的方法有：杜邦财务模型、财务目标 3×3 矩阵、时间序列法、回归分析法、结构分析法等方法。对此有兴趣的读者可阅读我们的另外一本平衡计分卡专著《平衡计分卡与战略管理》。

集团业务组合分析与集团战略财务目标实现有着最直接的关系，它实际上是对整个集团未来的业务进行评估与规划。该步骤的工作是为下一个环节：集团战略关键战略举措的确定做准备，它也决定了集团战略的"有所为而有所不为"。集团业务组合分析工具目前已经发展得比较成熟，如 IE 分析矩阵图、BCG（波士顿矩阵图）、GE（通用电气矩阵图）、SPACE（战略地位与行动评价矩阵图）等。

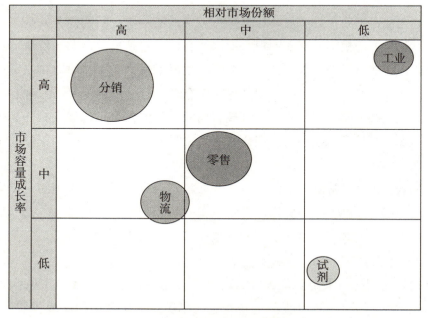

图 3 - 9　业务组合分析工具示例

应当指出我们必须谨慎选择集团战略业务组合的分析工具，因为任何一个管理工具都有其假设的前提与不足之处。当我们根据业务优先级别评估工具的操作结果来确定关键战略举措时，应当规避这些工具的不足，将多种工具分析结果组合起来综合考虑。例如，BCG 模型只假设了公司业务发展的内部融资，而没有考虑外部融资；同时它假设各个业务是独立的，而没有考虑业务的战略协同关系等。

与业务组合分析几乎是前后因果关系的是：进行集团整体业务发展规划，即对于集团未来的业务进行层面、推进时间、资源配置上的规划。这项活动我们可以借助"三层面业务规划法"进行。

"三层面业务规划法"也是得到广泛运用的战略决策分析工具，它将公司发展的业务分为核心业务（第一层）、正在崛起的业务（第二层）和未来业务（第三层）三个层面来进行划分。运用"三层面业务规划法"来规划业务发展顺序，规划集团业务组合实施计划可以归纳为业务组合规划表。

表 3 – 5　　　　　　　　　　　某集团业务组合规划表

业务类别	业务规划	时间			战略实施计划名称
		2006—2007 年	2007—2008 年	2009—2010 年	
分销	以国内商业能力为依托，拓展国际市场空间	推进零售配送业务试点，探索新的运营模式；探索采购一体化运作模式	组建 100 个分公司，每家覆盖 500 个客户，将大大提升零售配送业态的核心网络价值	组建 150 个分公司，每家覆盖 2000 个客户；近 15 万个配送终端	分销一体运营计划
零售	复制"差异化"赢利模式，迅速占领目标市场	完成上海、天津、辽宁、北京的整合	多元化产品引入，启动"大整合"战略，实现零售的一体化运营	建成拥有 5000 家终端的全国性零售连锁公司，实现融资上市，创建中国零售第一品牌	零售一体运营计划

业务类别	业务规划	时间			战略实施计划名称
		2006—2007 年	2007—2008 年	2009—2010 年	
物流	全国物流网络的一体化管理	稳定 4 大物流中心的一级配送地位；拓展南京、西藏、新疆、包头、云南 5 家二级配送中心	完善全国物流网络，联盟北区、东区、中区、南区的 3 级配送中转站 15 个，物流配送全面覆盖全国	联盟配送伙伴30 个，配送能力覆盖到全国100 个市、县，376 个县、区，覆盖 3 万家终端客户	物流一体运营计划
工业	整合生产资源，进行自主品牌生产或 OEM 服务，实现工业的跨越式发展	完成西藏厂一、二期项目的建设；完成某产品配套工程的扩建；完成在海南的品牌生产企业收购整合	打造 10 个以上"过亿元"的产品；自主品牌生产销售上量	保持工业在规模与品牌上的稳定	工业一体化运营计划（含投资项目计划）

3. 界定集团战略核心能力与关键战略举措

业务组合分析与规划是集团战略地图分析中在财务—客户/市场构面要重点关注的问题，而界定集团核心能力及确定培育核心能力战略举措计划也是集团战略图分析的重要内容。

核心能力知识无论在管理理论界还是实务界早就得到广泛传播，它对一个集团、业务单元在产业竞争中能否获得最终胜利往往起到决定性的作用，它决定了集团战略地图在客户构面的业务组合目标是否能够实现，集团战略财务目标能否达成。

在战略地图分析中不仅仅要识别能力，更重要的是将集团核心能力与管控流程对接，通过分析管控流程来确定通过哪些具体举措与行动来培育这些核心能力；除了核心能力培育外，一个集团型企业往往在某些能力上还必须达到行业的一般水平，这些能力虽然不是核心能力但是却可能是集团能力"短板"，即使集团擅长某些能力但是在这些能力上如果做得不好，也会使得企业不能获得突破性的成果。因此战略关键举措还必须关注这些"短板"的改进。

表 3-6 战略核心能力界定表

关键能力			是否具备足够战略价值（投入／产出）	是否真的能实现高人一等（衡缺的吗）	高人一等能长期维持吗（具有模仿壁垒）
1	战略资源控制能力	信息控制能力	Y	Y	Y
		渠道与终端控制能力	Y	Y	Y
		资金控制能力	Y	Y	N
2	物流配送能力		Y	Y	Y
3	战略业务协同		Y	Y	N
4	成本控制能力		N		
5	危机处理能力		Y	N	
6	投资决策能力		Y	N	
7	公关能力		N		

培育两大战略核心能力

1. 战略资源控制能力： 1.1 信息控制能力 1.2 渠道与终端控制能力
2. 物流配送能力

维持两大行业一般水平能力

1. 资金控制能力
2. 危机处理能力

提高两大能力短板

1. 战略协同能力
2. 成本控制能力

注：Y 为是，N 为否。

在将集团战略核心能力与流程对接后，可以运用前面提到过的内部运营分析矩阵表，该工具是佐佳咨询集团独立研发的一个分析工具。在使用该工具时，战略环境扫描阶段的 SWOT 分析的结果可以给我们帮助。

运用内部运营分析矩阵表将集团能力与管控流程对接后，我们会得到"很多"的举措（行动计划），但是这些内部运营的举措、行动有些是战略性的，而有一些并不是战略性的。这就需要我们对这些举措进行识别，筛选出战略性的举措以将其在战略地图上表现出来。在这里我们可以运用"层次分析法"来帮助我们完成该项工作，我们在大量的管理咨询操作中根据"层次分析法"的基本理论原理,开发出"四因素评估法"作为界定战略关键举措分析的工具,该工具已被广泛运用于大量的集团战略执行咨询案例。所谓四因素是指"对战略影响度""实施的资源支持""实施紧迫性""成功可能性"四个评估指标,每个指标有不同的权重;评估时按照各个"举措"在四个指标上的得分,作出是否是"战略性举措"的取舍。

表 3-7　　　　　　　　佐佳四因素评估法操作案例示意

序号	内部运营对策	对战略影响度	实施的资源支持	实施紧迫性	成功可能性	得分	权重
1	组织信息一体化	3	3	3	2	2.9	0.08
2	通过并购扩大工业的产能,改善在西北地区的渠道布局	3	3	3	2	2.9	0.08
3	加大普药、国产药品引进、研发、生产与销售力度	2	3	3	3	2.65	0.07
4	整合三大销售运营平台	3	3	3	2	2.9	0.08
5	实施战略绩效,落实战略实施监控机制	1	3	2	2	2	0.05
6	构建集团整体质量保障体系,规范渠道与终端的质量退货制度,完善质量危机应急机制	2	3	3	3	2.65	0.07
7	建立并实施集团资金统一结算系统,改进财务管控模式	2	3	3	3	2.65	0.07
8	集团母体上市计划	2	3	3	2	2.55	0.07
9	战略物资统一采购	2	3	3	3	2.65	0.07
10	新药品研发技术突破,提高药品质量	2	2	2	2	2	0.05
11	探索物流运营模式,物流仓储规划	3	3	3	2	2.9	0.08
12	物流质量抽检标准更新	1	3	2	2	2.1	0.06
13	一级代理商模式转换	3	3	3	1	2.8	0.08
14	开发第三终端	3	3	3	2	2.9	0.08
	总得分					36.55	

4. 绘制集团战略地图

细心的读者一定能够发现：运用战略地图的方法描述企业战略，应当能将传统战略分析与规划流程、方法与工具和战略地图绘制保持同步。这是我们的一次大胆尝试，它突破了传统的"平衡计分卡是战略执行的工具，战略地图是战略规划完成后再开发"的惯性视角。

战略地图并不仅仅是一张图，它一般由三个文件所构成：

一是战略地图图形本身。它以图形方式展示集团的战略目标及实现目标的关键路径。

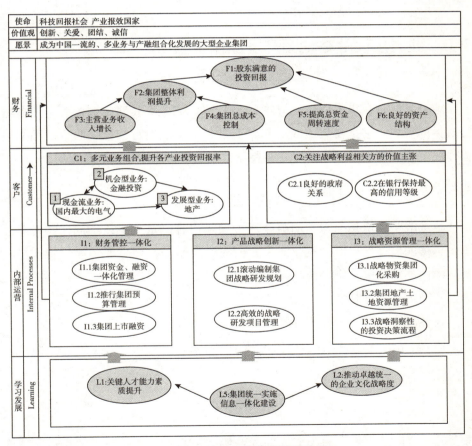

图 3－10　多元控股集团战略地图

二是平衡计分卡（3～5 年或更长时间）。该卡实际上是对战略地图的图形解释，它直接展示战略目标、主题与战略 KPI、战略行动计划、指标与计划责任人之间关系。

三是战略行动计划表。该表依附于前面所说的平衡计分卡，是对战略层面计划关键节点要求、资源配置要求的一个安排。

应当指出的是，绘制出集团战略地图后我们还要善于将战略地图与集团原有的战略规划文件进行对接，把集团战略地图的整个分析过程、结论纳入到战略报告当中，例如，我们在一些集团公司利用战略地图方法修正该集团的《十三五战略规划》，集团战略地图在他们的《十三五战略规划》中发挥了提纲挈领的作用。

3.6 业务层面战略地图开发操作步骤

业务战略是在集团战略的指导之下做出的，它主要是对集团的各个业务进行具体的规划，它是在集团战略基础上对各个业务进行细化。两个层面战略操作的侧重点与涉及工具虽然存在差异，但是主要操作步骤基本相同。

3.6.1 战略环境扫描

业务战略环境扫描与集团战略环境扫描内容侧重点有所不同，前者关注集团整体的内外部环境，而业务单元的战略环境扫描则主要关注于特定业务范围的内外部环境。应当指出在现实的操作中不同层级的战略环境扫描是互动的，而不是相互割裂的。

业务战略环境扫描分为外部环境扫描、内部环境扫描及 SWOT 综合分析三大内容，战略环境扫描工具仍可运用 PESTEL、波特五力、波特内部价值链、SWOT 分析等，这些分析工具与集团战略、职能战略环境扫描的工具存在互动的依存关系。

在这里我们想特别强调的是，集团战略与业务战略之间，同一集团不同业务战略之间是一种纵向与横向的战略协同关系。这就需要我们在进行业务单元战略环境扫描时，必须分析集团与业务单元、业务单元与业务单元之间的战略协同关系。

3.6.2 业务战略分析

业务战略分析首先需要澄清业务单元的战略任务系统，即业务单元的使命、价值观与愿景，关于战略任务系统的构成我们在这里不再详细阐述，需要提醒注意的是：在一个多业务的企业集团，各个业务板块（或子公司）的使命、愿景和价值观设计必须服从于整个集团的战略任务系统，不能与之相违背；同时也不是所有的业务单元都一定需要独立的战略任务系统。

在完成业务单元战略任务系统澄清后，设置业务单元未来财务目标是业务单元战略地图分析的第一步。一般而言业务单元基本的战略财务目标，在进行集团战略业务规划时就已经界定。与集团整体财务战略目标设置相同，杜邦财务模型、商业周期理论、EVA（经济增加值）、时间序列法、相关分析、矩阵分析、盈亏平衡分析等方法都可以帮助我们设置业务单元的财务目标，在此我们不再赘述。下面我们将重点探讨如何寻找财务目标实现的关键驱动因素并设定目标、指标与战略行动计划。

战略财务目标实现驱动因素分析取决于战略地图分析思路的界定，如上图案例所示：该企业财务目标驱动因素主要思考三个方面的问题，该三个方面的问题对于该业务单元实现利润目标，实现股东价值有着最直接的意义：

- 如何实现销售收入增长？
- 如何控制业务单元成本？
- 如何加速业务单元流动资金周转？

下面我们以如何实现销售收入的增长为例介绍财务目标驱动因素分析的方法：首先需要把销售收入增长目标与公司的市场战略相链接，引导公司所有高级经理结合前面战略分析的结果确认一个问题，那就是：公司所锁定的客户是谁？

所谓客户定位，是指寻找公司的目标客户，并为公司的产品找到一个与其他竞争产品相比，具有明确、独特而又恰当的位置。业务单元战略的客户定位分析是实现销售收入增长驱动因素分析的第一步，该步骤中会涉及使用两个工具：市场细分图和产品—市场分析矩阵图。

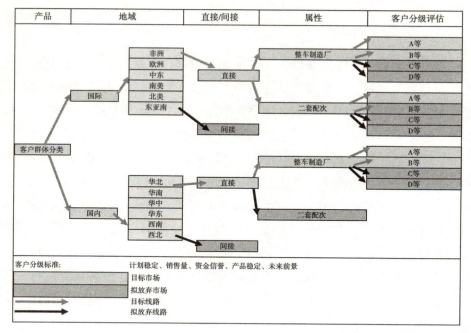

图 3–11 中国 ABC 集团公司第一事业部某市场细分图

	国内						国际					
产品线	华北	华南	华中	华东	西南	西北	非洲	欧洲	中东	南美	北美	东南亚
A1–001		■	■	▲	△	△	△	■		△	■	△
B1–001		■	▲	▲	△	△	△	■		△	■	△
B1–002		■	▲	▲	△	△	△	■		△	■	△
C2–001		■	▲	▲	△	△	△	▲				△
C2–002		■	▲	▲	△	△	△	▲		△		△
C3					△	△	△			△		△

■具有高度吸引力，已经达到饱和，可作为维持的重点市场
▲具有高度吸引力，但未完全开发好，需加大力度进行渗透的市场
△具有低等吸引力量，可作为放弃市场
具有高度市场吸引力，但一直未进行开发的市场
C3 具有高度市场吸引力，但一直未进行开发的产品

图 3–12 产品—市场分析矩阵图

在确认了组合策略后，就根据所选择的组合策略亦推导出相应的市场战略目标：

C1:我们客户是谁?市场增长点在哪里?		
分析结论:		
C1.1:我们产品锁定的客户是谁?		
A1类、国际与国内知名的整车制造厂(特征:计划稳定、产品稳定、要量大、信誉好、资金好)		
A2类、国际知名的汽车配件制造商(二次配套业务)(特征:计划稳定、产品稳定、要量大、信誉资金好)		
B类、国内整车厂与二次配套(信誉好、资金好)		
C类、国内整车厂与二次配套(信誉差、资金差)		
战略客户(A类客户);选择性客户(B类客户);淘汰性客户(C类客户)		
C1.2:市场增长点在哪里?		
A.新产品/老客户、市场;B.新产品/新客户、市场;C.老产品/新客户、市场;D.老产品/老客户、市场		
产品–市场组合策略	核心衡量指标	支持计划
开发国际市场新的二次配套客户	国际战略客户新开发数量、国际战略客户销售收入	市场营销计划
开发华北市场整车制造战略客户	战略客户新开发数量(国内)、战略客户销售收入	市场营销计划
提高战略性老客户的销售渗透	战略客户销售收入、战略客户锁定数量	市场营销计划
C3新品全面投入市场	C3新品销售收入比重	C3新品开发与营销计划

图 3–13   产品—市场组合战略与 BSC(平衡计分卡)市场类指标计划分析案例示意

完成市场成果度量的确认后,你要做的就是确认公司客户的价值主张。罗伯特·卡普兰(Robert S. Kaplan)和戴维·诺顿(David P. Norton)在其专著《战略地图》中给出一般企业客户价值主张的分类元素。确认客户价值主张要求引导公司高级经理回答一个问题,那就是:我们的这些客户为什么要购买我们的产品?或者说他们在购买我们产品的时候关注什么(我们将这些关注点称为"客户价值主张")?

事实上,在进行客户价值主张的确认时,应当重点考虑在所罗列出的所有客户价值主张中,哪些是在战略规划期内应当重点突出的优势与短板。所谓的优势就是在客户价值主张中哪些是公司已经达到或要通过培育达到行业一流水平的竞争优势,是价格的优势?还是售服的优势?所谓的短板是指在客户价值主张中哪些是公司低于行业一般水平的,是产品功能?还是品牌?

在界定出价值主张的优势与短板后,需要进一步引导公司的高级经理们讨论如何通过内部运营的改善来实现优势的培育与短板的改进。在这个时候,需要将价值主张与流程结合起来进行分析,可以运用内部运营分析矩阵表来完成确认过程,在这个过程中 SWOT 分析所初步推导的战略关键举措为完成内部运营分析矩阵表的填写提供帮助:

C2:客户的价值主张是什么?

所谓价值主张是指客户的购买决策因素（如果客户维度包含其他利益相关者，价值主张还指这些利益相关者的期望）

提示：分三个维度进行分析，A为产品的特征，B为关系，C为形象（说明：产品特征可能有价格、质量、性能、品种、安全性）；关系可能有：客情维护、服务、形象、品牌），注意请将顾客价值主张的各个元素按照重要性排序，并指出我们和竞争对手相比所应当并有可能培育的竞争优势

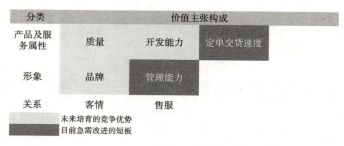

分类	价值主张构成		
产品及服务属性	质量	开发能力	定单交货速度
形象	品牌	管理能力	
关系	客情	售服	

未来培育的竞争优势
目前急需改进的短板

图 3-14　客户价值主张确认案例示意

表 3-8　　　　　　　内部运营分析矩阵表

成本结构	研发流程	供应与采购流程	生产制造流程	营销流程
材料成本	1. 组织研发立项，明确新材料替代计划并确保实现；2. 开发三大系列产品平台	规范供应商评估、合同、制造过程与检验管理流程与制度，降低平均采购单价，减少连带的内外部质量损失成本	制定成本标准，提高成本标准的覆盖率	
采购费用		经济批量采购计划实施		
制造费用/直接人工	开发三大系列产品平台	规范供应商评估、合同、制造过程与检验管理流程与制度，减少连带的内外部质量损失成本	1. 设备与操作工艺执行控制；2. 机物料消耗、低值易耗品等费用管理；3. 防止非常规停工事故（设备、生产事故、质量事故、生产准备不足）；4. 加强质量管理，降低内部质量损失，提高生产效率，5. 直接生产人员管理与工资标准控制	

续　表

成本结构	研发流程	供应与采购流程	生产制造流程	营销流程
管理费用	研发费用控制、研发效率	规范供应商评估、合同、制造过程与检验管理流程与制度，减少连带的外部质量损失成本	1. 质量保障体系认证计划实施；2. 确保制造过程质量行为与文件要求一致（对重点生产人员进行培训，减少外部质量损失）	
销售费用				1. 适度合理的促销计划；2. 控制广告投入

　　参照上述方式完成销售收入增长、成本控制、流动资金周转三大要素驱动因素分析（含学习成长维度）后，我们能够得到很多的"举措"，与集团层面战略分析过程相似，这些"举措"并不都是需要在战略地图上反映的，我们仍旧需要筛选出"关键性的战略举措"；筛选"关键性的战略举措"仍可考虑选择"交互式分析法"或"佐佳四因素分析法"。

表 3 –9　　　　　　　　　　　流程五因素分析法

战略主题		关键举措	计划行动	战略KPI指标推导					指标名
				时间	成本	数量	质量	风险控制	
L1	提高人力资源（尤其是战略工作组群的）准备度	1. 执行能力素质模型建模，开展战略工作组群任职资格评估	能力素质模型建设计划	√		√	√		任职资格达标率、能力素质模型
		2. 通过招聘、培训计划的编制实施，提高战略工作组群的任职资格达标率	内、外招聘计划	√	√		√		关键岗位人员及时到岗率、培训计划达成率、计划编制达成评估
			培训计划	√	√		√		
			战略工作组群梯队计划	√					
L2	引入ERP系统，提高产供销的运行效率	1. 产、供、销流程优化与描述	ERP工作计划			√	√		流程优化目标达成数量、ERP系统建设计划评价
		2. 推进ERP软件的选择、引入与提升工作	ERP系统建设计划	√	√	√	√		
L3	推动企业文化的认知与认同度	1. 修订核心文化、制度文化	企业文化远景规划；年度企业文化工作计划	√			√		企业文化认知度、企业文化认同度、企业文化建设计划达成评估
		2. 制定文化宣传策略，编制并落实企业文化宣传计划	年度企业文化工作计划	√			√		
		3. 开展员工温暖等文化活动	年度企业文化工作计划	√			√		
	构建卓越战略执行的控制系统	推进平衡计分卡项目	BSC实施计划	√					BSC计划实施评价指数
	坚持党的领导，发挥纪检监查的监督机制	1. 发展优秀入党人员	党员计划建设				√		党员考评达标新比例
		2. 开展党风廉政教育，提高全员思想意识的先进性	党风廉政建设计划	√	√		√		党风廉政计划达成评价
		3. 发挥纪检监察功能，预警预控腐败现象滋生	党风廉政建设计划					√	党风廉政危机未及时预警

当我们筛选出关键性的战略举措后后，我们需要将"战略目标与举措"与"指标、计划"对接起来，与集团层面操作步骤一样，我们可运用"流程五因素分析法"来进行操作，该方法曾经被广泛运用于"战略KPI"中考核指标的确定，佐佳顾问成功地将其整合到战略地图的绘制中来。表3－9是在业务战略层面运用"流程五因素分析法"将"战略目标与举措"与"指标、计划"对接的一个管理咨询项目工作底稿。

我们在这里需要特别强调的是，任何一个战略地图分析方法都是基于一定假设的，每个公司的情况不同，其可选择的分析工具与方法也会有一定的差异性，在实际操作中切忌生搬硬套。

3.6.3 绘制业务单元战略地图

经过前面业务战略的分析与确认过程后，您就可以着手绘制您公司业务单元的战略地图了。战略地图不必拘泥于任何一种形式，只要它能够反映公司的战略意图。业务战略地图文件同样也由图、卡、表构成，即战略地图、平衡计分卡、战略行动计划表。

3.7 职能战略图开发操作步骤

理论上讲集团的职能战略地图应当与集团部门对应,例如人力资源部战略地图基本上应当反映的是人力资源的职能战略，而IT部的战略地图反映的则是企业未来信息化的发展战略。但是由于部门设置并不一定能与职能分工完全匹配，因此在实际操作中，往往会导致部门战略地图并不能够完全反映职能战略。这一点在中国企业显得尤为明显，因为很多中国企业的部门设置并不是完全按照西方的管理理论来操作的，在实践中部分企业更多地需要考虑内部的平衡。这也是在中国实践平衡计分卡体系所遇到的一个巨大挑战。

关于部门战略地图的绘制，平衡计分卡的两位创始人在《组织协同》的专著中给出过模板，佐佳顾问在管理咨询的操作中总结出建立在部门战略环境扫描基础上的部门战略地图绘制三步法。

部门战略地图开发可以按照三个标准步骤来进行操作：

第一步，根据部门职能战略环境扫描、SWOT分析，检查集团或业务战

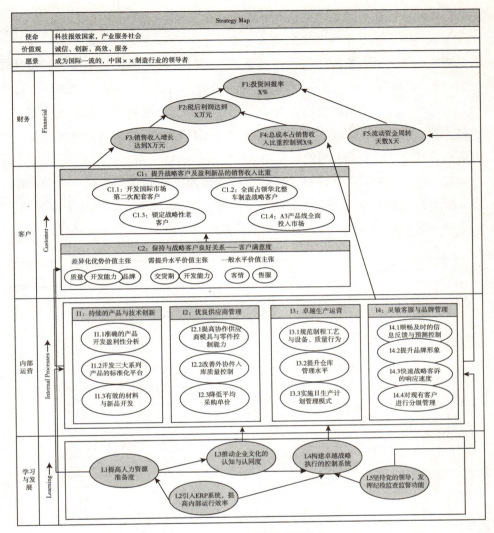

图3-15　业务单元战略地图

略地图，确定部门战略目标（结果、滞后性），明确部门职能所涉及的主要流程。

第二步，将流程与部门的战略目标对接，进行策略分析。

第三步，根据部门战略地图分析思路进行分析，绘制部门战略地图。

例如，集团人力资源部门的终极战略目标是建立高效人力资源队伍，为集团各个部门、各业务单元价值创造提供人力资源保障，这里涉及两个方面的价值主题：提高劳动生产率和人力资源成本。

而提高劳动生产率则要求集团人力资源战略层面思考以下的问题：满足内部利益相关方——集团内部各业务单元、部门及员工的价值主张（即关注点），满足外部利益相关者——如政府劳动监管部门的价值主张（即关注点）。

上述两个方面的战略主题实际上是通过集团人力资源部主导的人力资源管理流程来实现的，因此在人力资源战略地图绘制时，需要将战略主题与人力资源管理的流程对接起来绘制集团人力资源的战略地图。

应当指出，规划职能战略、绘制职能战略地图需要我们擅长将传统的职能分析工具整合进来。例如，将传统人力资源战略与规划的供求平衡分析、培训规划等一系列的技术整合进入职能战略地图的绘制。

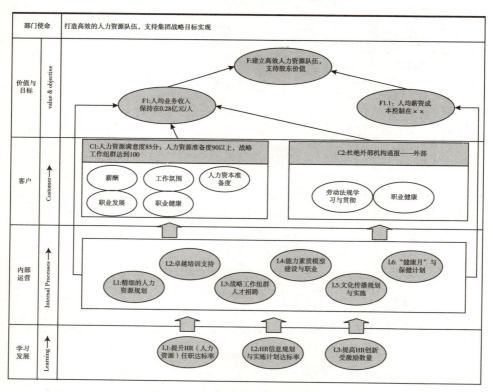

图 3 – 16　人力资源战略地图

4

集团管控模式解码

所谓模式（pattern）是指解决问题的基本方法论。Alexander 给出的经典定义是：每个模式都描述了一个在我们的环境中不断出现的问题与现象，然后描述了该问题与现象的解决方案的核心、基本准则。我们将集团管控模式定义为：集团管控的核心、基本准则，集团管控模式是指导集团总部管控分子公司实际运作，它也是集团管控运作体系（集团管控流程制度、集团组织架构、集团人力资源与企业文化）设计与运行的指导思想。

"互联网＋"时代背景下，佐佳咨询对集团管控模式解码进行了积极的、源于自身的独特思考，使得集团管控模式变得可操作，集团管控模式的解码公式为：管控模式＝母合＋治理模式＋管控准则与边界。

4.1 "互联网 +" 时代下集团管控模式的影响要素

集团管控模式是统领集团总部构建集团管控实际运作体系的纲领，因此对集团管控模式设计的合理与否，将会直接决定集团管控实际运作的效率与效果。因为如果基本准则界定出现偏差，后面的操作细节再完美也缺乏任何实际的操作意义。

在"互联网 +"时代，除产权关系、集团战略、集团文化、发展阶段、管理能力和集团规模等影响因素外，还应考虑技术应用带给集团管控模式的影响。

1. 产权关系

除非有正式的委托协议，否则一般情况下母公司所持有子公司的股份比例将会直接影响母公司所能够选择的控制权利。往往将大部分管控权限与操作功能集成在集团总部（例如寻求集团专业一体化运作）的管控模式需要母公司一般至少要达到绝对控股，甚至是100%的全资控股，因为只有这样的股份比例才能保障母公司对子公司决策班子进行强有力控制，才能通过合法的程序去直接插手分子公司的运营决策，实现真正意义上的"集团运营一体化"；否则如果有其他更大股东其持股同时达到对子公司有足够影响与控制情况下，"母公司"想随心所欲地以自己的意志去选择"全面操作一体化"肯定是不现实的。

2. 集团战略

集团战略对管控基本准则设计有着十分深远的影响，它是最核心的影响

113

要素之一。集团与业务单元的战略形态往往决定了集团管控模式：一个非相关多元化战略与单一经营战略的集团在管控模式的选择上肯定有很大差异。前者往往强调分权管控与分层运作风格，资源经营与控制往往大部分由分子公司实施；后者往往强调集约化的专业一体化运作，资源的经营与控制往往很多由集团总部实施。集团战略中有两个最为根本的影响管控模式设计的影响因子，那就是子公司业务相关性与业务战略地位：一方面，集团分子公司的业务如果具有高度的相关性（甚至是完全相同的业务），那么就会要求集团公司总部对运营实施专业化的深度管控，如果完全不具备相关性，集团总部协调分子公司的业务的必要性就相对会减弱，管控力度就有可能减少。另一方面，如果分子公司涉及产业是集团重点产业，是未来业务组合规划中重点发展的业务，集团总部的关注度就会提高。而如果该产业是集团未来非重点发展（甚至属于剥离）的业务，在特定情况下集团总部有可能对其采取"放水养鱼"的管控方式，同时减少对该产业的资源配置。

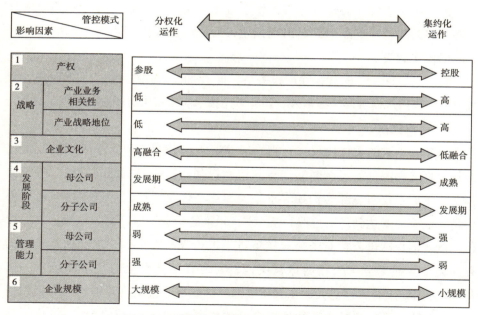

图 4 - 1　管控模式选择的六大主要影响因素

3. 文化融合

集团与分子公司企业文化方面的融合程度（尤其是集团与分子公司经营

班子在经营理念、价值观、企业道德标准等的融合程度）会影响到集团总部对委托—代理风险成本的判断，也会影响控股集团总部对分子公司授权与资源配置的信心，进而决定管控运作模式。如果集团与分子公司文化的融合程度越高，其经营班子在价值理念方面具有共性，甚至有着共同的创业经历，在其他影响因素不变的情况下，集团总部的授权信心就越大，越敢于向该分子公司分配资源；反之如果集团与分子公司的文化融合程度越低，其经营班子在价值理念方面越不能够产生共鸣，集团总部对分子公司的授权信心就会越小，集团的资源总部就越不敢分散。

4. 发展阶段

集团与分子公司发展阶段也会影响到集团总部对管控模式的设计。首先，如果集团总部成立时间不长而处于过渡阶段，在这特定时期内集团总部有可能面临总部经营班子磨合、能力培育等多方面的问题，同时由于历史原因一些分子公司在心态上比较强势，集团总部在组建时期的特定任务等因素，使得集团总部没有精力加强分子公司管控，在这种情况下就有可能不得不暂时采取相对分权的管控模式。而随着集团总部的不断发展，其功能必然得到不断强化，管控的力度就可能越来越大。其次，在分子公司层面，如果分子公司处于组建初期各方面的运作都没有实现程序化、标准化，则需要集团总部暂时给予更大的管理控制力度与支持。而如果分子公司处于成熟期，各方面的运作实现了程序化、标准化，集团总部则可以为其设计相对分权的管控模式。

5. 管理能力

与发展阶段有着因果逻辑关系的管理能力也会影响到集团总部的管控模式决策。首先，如果集团总部的管理、驾驭产业的能力较强，就越有可能采取集中管控模式来管控分子公司；如果集团总部本身管理、驾驭产业的能力不足，则只有无奈地选择分散的管控模式，否则有可能极大程度地毁损价值创造。其次，在其他影响因素不变的情况下，如果分子公司自身管理能力较强，有丰富的独立运营经验与能力，则集团总部授权的信心就会越大，越有可能设计相对分权的管控模式，给分子公司配置越多的管控资源；反之如果分子公司本身管理能力与经验不足，就会影响集团总部对其授权的信心，从而使得集团总部将更多的资源集中在总部经营。

6. 集团规模

集团与分子公司的规模也会影响总部在管控模式上的决策。如果集团整体实现规模化发展，面临跨地域、多层次、大规模的组织架构，则必须要对管控资源、权力实现分层次的配置。在这种情况下如果单一强调集团总部的集约化管控，肯定是不现实的，其结果只能导致集团总部不堪重负、决策缓慢，最终出现管控的真空地带而毁损价值创造；如果集团整体规模化不大，分子公司规模较小，没有出现那种跨地域、多层次、大规模的组织架构，则有可能对管控资源、权力实施集约化管控，因为这种情况下不会因为规模庞大而出现母公司管控真空地带，进而导致集团总部毁损价值创造。

在"互联网＋"时代背景下，除了上述六大影响要素外，技术及其新工具的应用催生了新的"互联网商业生态模式"，对集团管控模式的影响日益凸显。纵观"工业4.0"、"互联网＋"，无一不是建立在技术进步的基础上。在"互联网＋"时代，集团内部的技术应用，使得集团管控的不可能变为可能，如跨地域、跨国域、跨企业管控（联手破局）。

案例4-1 苏阿、苏万联手破局

1. 苏阿牵手

阿里巴巴将以约283亿元人民币战略投资苏宁，成为第二大股东；苏宁将以140亿元人民币认购不超过2780万股的阿里巴巴新发行股份；双方将打通线上线下全面提升效率，为中国及全球消费者提供更加完善的商业服务。

苏宁云商辐射全国的1600多家线下门店、3000多家售后服务网点、5000个加盟服务商以及下沉到四五线城市的服务站将与阿里巴巴强大的线上体系实现无缝对接。

截至目前，苏宁物流拥有452万平方米仓储面积、4个航空枢纽、12个自动化分拣中心、660个城市配送中心、10000个快递点，未来苏宁物流将成为菜鸟网络的合作伙伴，合作后的物流几乎覆盖全国所有的2800个区县，服务阿里巴巴和苏宁，未来亦有望向第三方开放。

2. 苏万联姻

2015年9月6日，万达集团和苏宁云商正式签署了紧密合作协议，开启了中国最大不动产商和中国最大零售商的合作。

根据合作协议，苏宁易购云店等品牌将入驻万达广场经营，首批合作项目 40 个；从 2016 年起，双方将根据万达广场开业情况每年确定成批合作项目，万达商业可根据苏宁云商需求定制规划设计。

苏阿（苏宁、阿里巴巴）、苏万（苏宁、万达）联手破局，打通线下与线上、实体与虚拟的通道，既有战略高度的考虑，也有战术层面的考量。实体连锁经营模式陷入成长困局，联手"互联网 +"破局，足以打破既有的利益藩篱。未来，在万达看到苏宁易购门店，在淘宝接入苏宁易购网站，不足为奇了。可以预见，伴随"互联网 +"的持续推进，"新"模式、"新"合作将成为新常态。苏阿牵手、苏万联姻，也必将为各自集团管控模式带来新课题。

4.2 "互联网 +"时代下的集团管控模式解码新思维

迈克尔·古尔德提出公司层面战略三种文化偏好的理论，在实践中逐步演变成"管控三分法"。而"管控三分法"仅仅是一个理论类别的划分，为我们理解、研究管控风格提供了基准标杆。然而理论类别并不是来给我们在实战中直接套用的。那么我们又该如何在实战操作中设计集团管控模式呢？这需要我们对管控模式设计的基本内容进行清晰的界定。

"互联网 +"时代，佐佳咨询集团不断地思考集团管控模式的解码，提出"母合分析 + 治理模式 + 管控准则与边界"的集团管控模式，其基本内容主要分为三个重要的构成：一是母合分析，二是治理模式设计，三是管控准则与边界划分。

所谓母合分析是来源于迈克尔·古尔德提出的集团层面战略理论的灵感，进行改良后运用于集团管控模式的解码分析。

母合分析首先思考的就是前面所述的总部价值创造，这是对集团管控模式进行解码的前提，集团公司总部存在的最大理由就是总部具有价值创造的能力，这种能力必须是作为单体公司所不具备且无法培育的，它也是集团战略与执行力在母公司层面的能力折射。其次是在总部价值创造基础上思考组织功能定位，它是对集团总部、分子公司（多层架构下还包括孙

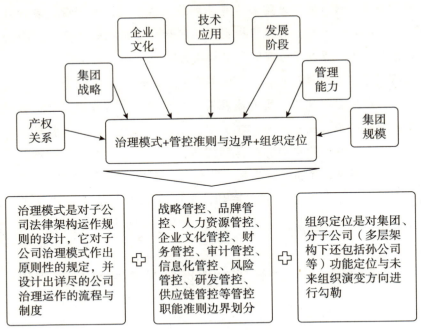

图 4 - 2 集团管控基本模式设计架构图

公司等）分层功能定位原则与未来组织架构演变方向进行规划。所谓规划分层功能定位原则是指根据集团战略要求对集团组织中各层面的功能进行原则性界定。例如集团规定在未来 5 年战略规划期内管控组织层次不超过 4 层架构，集团总部定位于战略投资决策中心等；而未来规划集团组织演变方向则是结合集团战略与管控准则要求，确定未来集团组织架构的演变目标与路径。组织定位是后期设计当期集团组织架构详细运作方案的指导思想与设计准则。

治理模式是对母子公司的法律架构运作准则的设计，它对治理模式做出原则性的规定并设计出子公司治理运作流程与制度，很多集团公司总部的管控意图可以在设计其治理模式时进行预埋。

在中国治理模式设计我们需要区分行政型与经济型母子公司治理，所谓行政型治理是指国有全资企业集团公司治理模式，这是中国国有企业特色，也是国有企业现代制度建设中最核心问题之一。例如，如何处理老三会（党委会、职代会、工会）与新三会（股东会、董事会、监事会）之间的关系；所谓经济型治理是指完全通过市场化要求组建的集团公司的治理结构，这种治理模式需要借鉴发达国家规范的公司治理运行模式，按照现代企业制度要求设计。

所谓管控准则与边界划分是指界定集团、分子公司（包括权属孙公司）在权责、管控资源配置、管控运作等方面的基本准则与边界划分，它主要包括各项管控职能（例如战略管控、品牌管控、人力资源管控、企业文化管控、财务管控、审计管控、信息化管控、风险管控、研发管控、行政公关管控、供应链管控等管控职能）的基本准则与界面划分。管控准则与边界划分对各项管控职能在集团多层次架构下的具体运作总结了概括性的基本原则，是后期我们设计管控职能流程制度的指导思想。

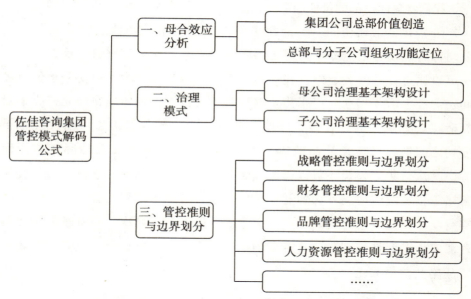

图 4-3 "互联网＋"时代集团管控模式解码公式

4.3 "互联网＋" 时代下集团管控模式解码之母合分析

母合分析的第一步就是要思考总部的价值创造。"互联网＋"时代，集团母公司（总部）存在的最大理由就是集团母公司具有价值创造的能力，这种能力必须是作为单体公司所不具备且无法培育的，它也是集团战略与执行力在母公司层面的能力折射。然而在集团化运作的实践中，我们也经常无奈地发现很多母公司不仅没有创造战略价值，反而损毁和侵蚀了分子公司（含权属孙公司）的价值创造，例如，一些集团公司总部在战略投资决策方面出现重大失误给分子公司带来灭顶之灾；还有一些集团公司在分子公司高层任用上出现不恰当的决策导致集团整体利益受损等。因此集团公司必须要认真思考战略价值创造与损毁预防能力的培育，即一般情况下集团公司总部本身不直接从事生产运营，它只投资和管控着若干个子公司。在这种情况下需要培育何种能力有效地防止自身价值毁损行为的发生并创造价值？

我们将集团总部的价值创造的方法与手段总结为三种：

（1）创造战略协同。无论在多元控股还是单一经营产业集团，集团公司都可以通过创造分子公司之间协同效应来实现价值增值：首先，母公司可以通过业务的关、停、并、转、投等战略重组手段，促使分子公司之间在业务上形成相互支持态势。这种相互支持不仅仅体现在多元控股集团打造"端到端"的产业链，即使在单一经营的产业集团也可以促使分子公司之间形成规模化协同效应，例如，合理利用资产促使边际成本降低等。其次，集团公司还可以通过战略质询、经营计划财务预算、内部交易价格干预、统一协调外部利益相关方等多种管控手段促使分子公司统一战略行动，避免分子公司之间产生无序的内部竞争。再次，对分子公司战略资源实施关联性管理，创造资源的组合共享，共同抵御经营风险，实现集团战略利益最大化。

图4-4 集团公司总部三种基本的价值创造方式

（2）挖掘经营潜力。集团母公司可以运用战略质询、经营计划财务预算、人员外派、业绩评估、集中采购研发、管理标准制定等管控手段，充分挖掘分子公司单独经营时无法实现的经济潜力。例如，多元控股集团可以通过设计子公司的盈利模式、经营计划与财务预算、业绩评估、重大战略决策审批等手段，促使分子公司不断加压以实现更好的业绩目标，防止子公司的价值毁损；在单一经营的产业集团，还可以通过人员外派、建立统一的运营管理标准，提高业务板块运营效率；同时集团公司也可以通过集中运作某些运营职能（如集中战略物资采购）等多种手段，有效地引导并影响外部战略利益相关方，挖掘业务板块单独经营时无法实现的经济潜力。

（3）提升运营管理。集团企业可以组织分子公司开展运营与管理变革，甚至集中运作部分管理职能等方法来改进分子公司运营与管理，促使分子公司提升自身的战略执行力，例如，集团统一组织分子公司开展人力资源管理体系建设，或为分子公司人力资源管理水平提升提供专业技术支持；集团总部可以成立统一的集中结算中心，设计集团财务管控体系以达到规范财务管理的目的；集团企业总部还可以集中研发资源开展战略预研，为分子公司提供研发技术支持以提升集团整体的研发能力与管理水平等。

集团总部至少可以通过以上三种手段来创造价值，同时集团总部也存在因为操作不当而毁损价值的可能性。迈克尔·古尔德等人举例指出集团总部可能推进预算管理来增加价值，也可以否决合理投资建议和推荐无意义的战略协同来毁损价值；集团总部可能通过廉价的并购创造价值，也有可能因为并购后的不当干预而毁损价值；集团总部可以为子公司输送符合战略需要的人才，也有可能总经理任命不当给子公司带来灾难性的后果。同时迈克尔·古尔德等人还指出只有集团总部在价值毁损型干预减少到小于母公司所创造价值时，才能实现净价值的创造。

佐佳咨询认为集团总部至少有可能在以下三个方面毁损价值创造：

（1）战略决策失误毁损价值。集团总部对价值创造破坏最严重的是战略决策失误。一般情况下集团总部都承担了决策中心的功能与责任，总部往往通过战略决策、监督掌握着集团未来发展方向，例如，集团战略资源的投入，产业进入与退出等，这些重大战略决策上的失误给集团带来的破坏往往是灾难性的。一些集团公司总部缺乏有效的产业战略驾驭能力，出现外行代替内行决策的现象，导致总部的战略决策失误而毁损价值创造。

（2）管控体系不佳毁损价值。集团总部在管控体系建设上有不可推卸的责任，而一个集团总部出现"文职化、空心化"的现象，无法构建起有效的集团管控体系，导致母子公司关系没有理顺，无法在集权和分权之间作出平衡，集团组织架构不规范，集团组织层级过多，管控子功能流程设定不清楚等，最终使得集团总部无法有效地通过管控体系指导、监控价值创造，进而削减整个集团价值创造基础。

（3）不良运营干扰毁损价值。一些集团总部试图对分子公司的日常经营活动直接或间接地施加影响，但是这种影响和干扰往往也有可能是负面的、错误的。造成这种现象的原因是总部本身不具备运营产业的能力，无法对下属业务单位提供正确的运营管理监督与支持，无法给子公司下达合理的业绩目标，一旦集团总部不考虑这一事实因素的存在，就会出现外行领导内行的情况，导致整个集团总部毁损价值。这一问题在一些多元化战略的企业集团中表现尤为突出。

如何让母公司不损毁价值，同时去创造价值呢？

第一步就是通过匹配集团战略与管控体系，确保有效的战略决策与战略执行。因为无论是多元控股集团还是单一产业集团母公司的价值创造与损毁预防，都必须通过高效的、与战略相协同的管控模式与运作来实现。

案例4－2　从酷派、360之争，看总部价值创造

2015年9月8日，奇虎360宣布其日前已书面通知酷派公司，要求酷派公司按照股东协议内容，购买360在双方共同成立的合资公司中所持有的全部49.5%的股权，总价约14.85亿美元。

360行使认沽期权的起因是酷派的"出轨"举动。在合作伊始，即2014年12月16日，酷派跟360成立合资公司奇酷，根据合资公司的股东协议，如果酷派公司发生违约行为，360有权行使认沽期权，将其所持有的全部股权按市场价的两倍出售给酷派公司。

2015 年 6 月 29 日，乐视出资购买了酷派董事长郭德英 18.5% 的股份，也顺势成为酷派的第二大股东。此举被 360 视为"出轨"，也由此双方顿时由合作伙伴，转变为互掐的"仇人"。

在 360 看来，酷派与乐视的合作，已对其带来了伤害，360 创始人周鸿祎甚至在微信朋友圈直言被人"背后捅了刀子"！希望通过认沽期权"迫使"酷派停止与乐视的合作。

酷派、360 之争，表面看是再普通不过的"三角恋"，实则是集团管控不完善、不到位所致，在 360 与酷派联姻之初，就对即将诞生的合资公司缺乏有效的管控设计，对总部价值创造思考不足。

母合分析的第二步是结合总部价值创造的思考对组织功能进行定位。组织功能定位主要涉及两个方面的要素澄清，一是集团组织架构各层级的功能定位；二是集团组织架构发展方向与演变路径。前者主要是根据管控的边界与准则划分对集团总部与分子公司之间的基本功能进行原则性描述，后者则是勾勒出适应集团战略需要的组织架构的发展目标（一般为 3～5 年）与演变路径。可以说两者都是后期我们设计集团组织架构（一般为一年内）的详细运行方案的前提。

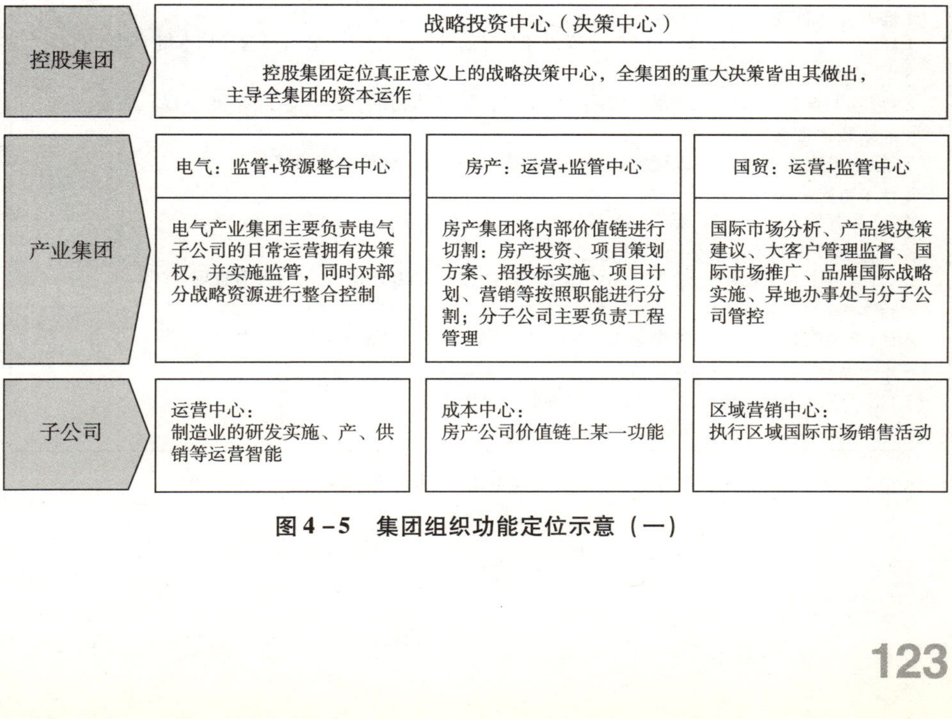

控股集团	战略投资中心（决策中心）		
	控股集团定位真正意义上的战略决策中心，全集团的重大决策皆由其做出，主导全集团的资本运作		
产业集团	电气：监管+资源整合中心	房产：运营+监管中心	国贸：运营+监管中心
	电气产业集团主要负责电气子公司的日常运营拥有决策权，并实施监管，同时对部分战略资源进行整合控制	房产集团将内部价值链进行切割：房产投资、项目策划方案、招投标实施、项目计划、营销等按照职能进行分割；分子公司主要负责工程管理	国际市场分析、产品线决策建议、大客户管理监督、国际市场推广、品牌国际战略实施、异地办事处与分子公司管控
子公司	运营中心：制造业的研发实施、产、供、销等运营智能	成本中心：房产公司价值链上某一功能	区域营销中心：执行区域国际市场销售活动

图 4 - 5　集团组织功能定位示意（一）

123

控股集团基本功能定位（战略投资中心）

1.战略与经营计划管理
1.1产业研究分析，产业机会扫描；1.2战略规划（含职能战略）；1.3集团经营计划编制与审批；
1.4战略与重点经营计划追踪、质询与评估、修正

2.投资决策
2.1对外投资决策、资本运营；2.2内部重大投资审查；2.3投资项目管理

3.财务管理与稽查审计
3.1财务预决算管理；3.2资金管理；3.3财务核算；3.4税收筹划；3.5资产管理；3.6管理评审；
3.7财务审计（专项审计）；3.8招标监督

4.人力资源管理（分子公司高管及以上）
4.1集团人力资源规划及管理政策；4.2人员招聘；4.3薪酬绩效体系建立；4.4通用性培训；
4.5后备干部管理及人才梯队

5.品牌管理
5.1集团品牌标准建立；5.2产业集团品牌使用监督；5.3公司品牌宣传

6.信息化管理
6.1集团信息化规划及实施监督；6.2重大信息化项目管理

7.行政公关及法务
7.1行政后勤；7.2公共关系；7.3法律服务及重大合同审查

8.管理输出
8.1集团管控规则建设，培育集团管理能力提升

图4-6 集团组织功能定位示意（二）

产业集团基本功能定位(监督管理中心)

1.经营计划管理
1.1配合产业集团战略规划；1.2产业集团经营计划编制；1.3分子公司经营计划审批、质询监督

2.市场资源整合
2.1市场调查与分析；2.2产品品牌及市场推广；2.3销售协同；2.4大客户管理

3.战略物资整合
3.1组织供应商评审；3.2战略物资年度合同谈判;3.3部分战略物资直接采购

4.技术资源整合
4.1产品开发立项；4.2重要研发项目管理；4.3重大产品研发；4.4技术知识管理

5.人力资源管理（分子公司中层及以下）
5.1分管范围人员招聘；5.2薪酬绩效体系推进实施；5.3专业培训；5.4人事管理

6.财务管理
6.1财务预决算管理；6.2资金管理；6.3财务核算；6.4税收筹划；6.5资产管理

7.生产管理
7.1生产管理指导、协调及检查；7.2专项管理活动组织实施

图4-7 集团组织功能定位示意（三）

（××子公司）运营中心
1.经营计划管理 1.1分子公司经营计划编制；1.2部门计划追踪、质询与评估、修正 2.产品销售 2.1市场调查与分析；2.2市场信息反馈；2.3产品销售；2.4售后服务 3.生产运营 3.1参与供应商管理；3.2物资采购（非集中采购物资）；3.3技术质量管理；3.4生产管理 4.人力资源管理（一般员工） 4.1分管范围人员招聘；4.2薪酬绩效体系推进实施；4.3专业培训；4.4人事管理 5.财务核算 5.1财务预决算管理；5.2资金管理；5.3财务核算；5.4税收筹划；5.5资产管理

图 4-8　集团组织功能定位示意（四）

4.4　"互联网＋"时代下集团管控模式解码之母子公司治理

治理模式是对母子公司治理设计的基本准则进行界定，它是设计母子公司治理运行流程与制度的指导思想。集团的控制意图一定要通过治理进行预先的设计，因为对子公司的管控本身就是对其法人权利的干预。集团层面研究治理模式就要研究如何通过合法的程序治理，实现对子公司独立法人经理的控制。从架构上看治理模式主要涉及治理层次划分、治理结构与约束激励机制的基本准则设计。

4.4.1　治理层次划分

治理层次与集团组织层次划分有着非常密切的关系，实际操作中大致可分为以下四种类型：

第一种　多层架构多层治理（Ⅰ型）

采取Ⅰ型的治理层次划分最典型的是"三层架构，两层治理，中间虚拟"的形式。集团与子公司都是独立法人，而集团组织架构的中间层——子集团（或事业部）则是虚拟的管理层（非真正意义上的法人）。在这种母子治理层次下，由于分子公司都是独立法人，因此有利于经营风险的规避，但是由于中间层属于非独立法人，所以有可能影响中间层——子集团（或事业部）对子公司的管控。

第二种　多层架构多层治理（Ⅱ型）

Ⅱ型的治理层次划分典型的是"三层架构，两层治理，底层虚拟"的形式，控股集团与中间的子集团（法律意义上的子公司）都是独立法人，而分公司亦属于虚拟的非独立法人资格的实体。在该种类型的治理层次下，由于中间层——子集团为独立法人，"子公司"并不是真正意义上的独立法人（通常被称为权属单位），因此从法律意义上来看有利于子集团的管控。但是子集团作为唯一独立法人的经营风险将会加大。

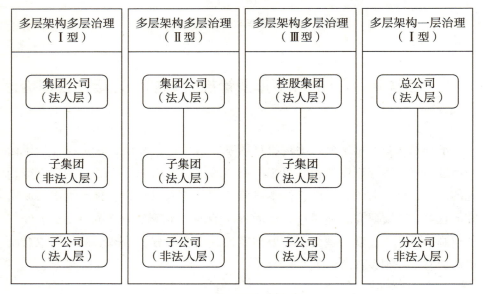

图4－9　四种不同的集团治理层次

第三种　多层架构多层治理（Ⅲ型）

该形式的组织架构层次与治理层次是完全对应的，例如"三层架构，三层治理"，控股集团、产业子集团、子公司三个层面都是具有独立法人资格的实体，管理架构与法人治理层次完全相同。由于该类型母子治理层次划分的典型特点是各层面都是法人实体，因此整个控股集团的经营风险都在中间层、子公司得到有效的分散、规避；但是层次划分越多，越有可能导致管控难度加大，同时多层法人制会造成双重纳税，增加整个集团的税赋负担。

第四种　多层架构一层治理（Ⅰ型）

该类型治理属于典型的"总分"治理架构，即总公司是独立法人，而分公司属于非独立法人。虽然在实际管理中可能参考独立公司的管控模式，但是从法律意义上说，分公司是没有独立的法人资格的。由于"总分"只有总公司一个独立法人，因此针对分公司的管控不存在治理的约束，有利于总公司对下属分公司的绝对控制；但是总公司却要完全承担下属分公司的经营失误的后果，不利于总公司的经营风险分散与规避。

治理层次在现实操作中有可能几种类型交错混合，同时设计治理层次要和集团组织架构设计结合在一起看。关于集团组织架构设计的详细内容我们将在第五章中阐述。

4.4.2　母子公司治理结构

有关股东会、董事会、监事会、经理班子的权责划分；董事会、监事会与专业委员会的组成、运行研究的书籍很多，我们在此不再进行阐述。这里我们重点从集团管控的角度来探讨母子公司治理结构建设中几个关键问题：

1. 母子公司董事会类型

一般来说母公司应当建设成为一个战略型的董事会，与子公司董事会相比应当更加具有战略远见，特别具有跨产业的投资决策能力。由于集团战略决策比单体公司战略决策要复杂得多，因此集团董事会往往会更加注重寻求外脑的帮助，各专业委员会往往会聘请很多外部的专家帮助集团董事会决策。

在子公司层面则一般强调建设一个忠诚、勤勉型的董事会，他们能够忠诚、勤勉地主动维护出资人的利益，保护股东的合法利益。因此子公司的董事会必须熟悉子公司所在产业的深度运营，也只有这样才能确保子公司的董事会对其经理班子的适度、有力的监督，降低集团公司等股东产权委托—代理风险。所以一般集团公司总部各职能部门会建立有效支持产权代表决策的运行机制，甚至帮助子公司董事会设计规范的内控制度，以支持董事会适度、有力的监督职能的履行。

2. 母公司对子公司董事会的控制力

从社会与法律角度看母子公司治理，我们关注如何保护小股东的利益，尤其防止母公司作为大股东操纵董事会而侵害小股东的利益；但从母公司控制角度看治理，我们则更加强调母公司作为出资人如何争取更多的对子公司董事会的控制权。母公司可以通过子公司治理设计时的前期预埋来获取其控制权的最大化：

• **股权设计**

控股权不等于控制权，但是在现实中控股权则会影响控制权，因此母公司在进行子公司投资决策，尤其是确定其合资企业的股权大小时，要考虑其对子公司的战略控制目的。

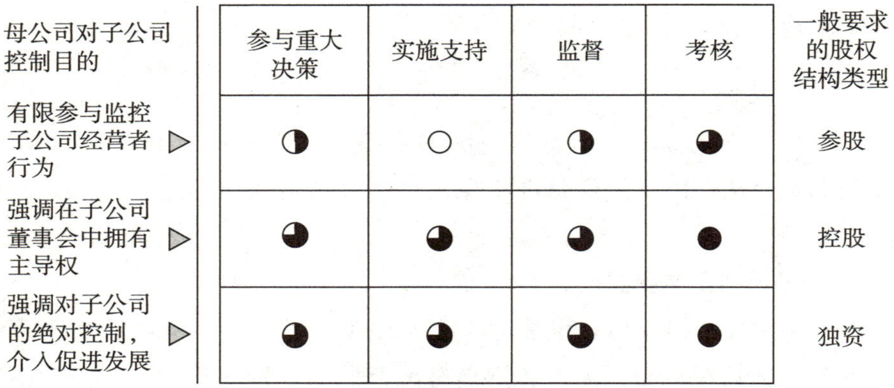

母公司对子公司控制目的	参与重大决策	实施支持	监督	考核	一般要求的股权结构类型
有限参与监控子公司经营者行为 ▷	◖	○	◖	●	参股
强调在子公司董事会中拥有主导权 ▷	◕	◕	◕	●	控股
强调对子公司的绝对控制，介入促进发展 ▷	◕	◕	◕	●	独资

图 4 – 10　股权结构与控制力

• **产权代表的决策支持系统**

在子公司董事会建设中，不能忽视产权代表的决策支持系统的建设。它不仅仅决定了母公司对子公司的控制力度，还影响了母公司在对子公司管控时所带来的价值创造与价值毁损。一般来说，产权代表/外派董事的决策有两种形式：一是依靠产权代表个人能力进行决策，二是依靠母公司建立一套产权代表决策支持的体系进行决策。从图 4 – 11 的多维分析我们可以看出：依靠个人决策占用的资源少，但是决策质量却会降低，同时对产权代表本人的专业化能力要求更高；而依靠母公司建立体系决策，决策质量会提高，同时对产权代表本人的专业化能力要求降低。

重要性	方式\维度	个人	体系
●	决策质量	低	高
◐	对产权代表的专业化要求	高	低
◑	占用资源	少	多

体系支持比依靠产权代表个人更能发挥其在董事会的作用

图 4－11 产权代表决策方式

在现实中依靠体系支持外派产权代表有三种不同的操作模式：

一是母公司设立一个专门的决策支持机构，如产权管理委员会、产权管理办公室，产权管理办公室设有专职人员为外派董事决策提供参谋、指导意见，采取这种形式最典型的就是 GE 的产权办、中石油的董管办等。这种方式由于专职机构有较高的管理成本，所以一般适应大企业集团。

常设机构式	职能部门支持式	咨询式
·通过常设机构协调控股公司内部资源，对产权代表提供支持（产权管理委员会/产权管理办公室）	·由职能部门向产权代表提供支持 ·通过为职能部门规定明确的职责、任务和考核指标来保证其服务质量	·寻求外部机构，如咨询公司、投资银行等
·优点：1.对产权代表强力支持；2.有利于集团人才培养 ·缺点：机构成本高	·优点：机构成本低 ·缺点：沟通成本较高	·优点：独立、客观 ·缺点：理想咨询机构难以寻找

说明：
·集团规模庞大易用常设机构，加强支持，分摊成本。
·内部部门多，投资业务板块小的可以用职能部门支持或咨询式。

图 4－12 产权代表决策体系支持的三种可选模式

二是母公司职能部门为外派董事/产权代表的决策、管控提供支持，例如，集团总部的管理审计部应子公司董事会邀请，对子公司进行定期或不定期的管理审计。一般母公司可通过明确其职能部门的职责与考核指标来保证服务质量。一般母公司和子公司规模不大可采取该形式，因为其机构不属于专设，所以相较于第一种方式成本较低。但是由于不是专门对口服务，职能部门与产权代表的沟通复杂度将会加大。

三是咨询式，即寻求外部咨询机构的帮助，例如，母公司和管理咨询公司建立战略合作关系，由咨询机构长期为母公司的产权代表提供相关服务。

4.4.3 治理的运作规则

集团的很多控制意图可在治理文件运行条款中做全面的预埋，而可惜的是很多集团总部做得并不是十分到位，不懂得通过治理文件条款设计来保护自身的合法权益。很多集团在合资或投资新的公司时，忽视了对子公司《章程》，以及股东会、董事会、监事会《议事规则》等治理制度、程序文件的研究设计。很多集团高层把治理文件交给法务人员、律师事务所进行审核，而法务人员与律师事务所只是教条地从法律角度审核治理文件；甚至部分集团高层还想当然地认为《章程》等治理文件都是格式化的、不需要改变的。而事实上，新《公司法》给予集团在治理运行规则中做全面的预埋提供了法律依据："《章程》中约定的其他事项。"

我们将治理文件预埋的各项条款分为以下三大类别：

● 主动控制型条款：主要是指限定其他股东权利，或者有针对性地限定部分小股东权利的条款。母公司通过该类条款设计保护自身的控制意图不受其他股东的干扰，例如规定股权低于X%的小股东没有召集临时董事会的权力；如果在合资中处于强势地位，可要求与合资方签订《委托监督经营协议书》，全面把控子公司的董事会以实现集团总部对子公司实际经营决策权的掌控。

● 保护防御型条款：保护防御型条款是设置条款保护自身的利益和控制力，例如如果在合资中股份相对较小的，子公司属于自己的权属参股公司，作为出资人为了维护自身利益，在《章程》等治理文件中设计详尽的程序与规则，通过这些条款明确加快董事会召开频度、信息披露透明度，要求加大